铁路企业“三类人员”工伤预防能力提升培训系列教材



# 铁路企业“三类人员”工伤预防能力提升培训习题集

国家铁路局安全技术中心
人力资源和社会保障部工伤保险司　组织编写
中国职业安全健康协会铁道分会

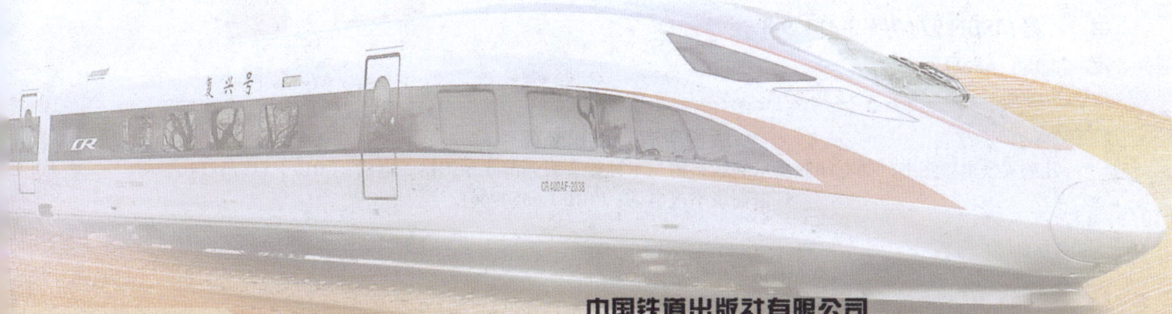

中国铁道出版社有限公司
CHINA RAILWAY PUBLISHING HOUSE CO., LTD.
北　京

**图书在版编目（CIP）数据**

铁路企业“三类人员”工伤预防能力提升培训习题集 / 国家铁路局安全技术中心，人力资源和社会保障部工伤保险司，中国职业安全健康协会铁道分会组织编写. 北京 ： 中国铁道出版社有限公司，2024. 8. --ISBN 978-7-113-31479-8

I.U215.8-44

中国国家版本馆CIP数据核字第2024VJ4845号

**书　　名：** 铁路企业“三类人员”工伤预防能力提升培训习题集

TIELU QIYE SAN LEI RENYUAN GONGSHANG YUFANG NENGLI TISHENG PEIXUN XITIJI

**作　　者：** 国家铁路局安全技术中心

人力资源和社会保障部工伤保险司

中国职业安全健康协会铁道分会

---

**策划编辑：** 王晓罡

**责任编辑：** 马慧君　奚　源　荆然子　　**编辑部电话：**（010）51873005

**封面设计：** 崔丽芳

**责任校对：** 苗　丹

**责任印制：** 赵星辰

---

**出版发行：** 中国铁道出版社有限公司（100054，北京市西城区右安门西街8号）

**印　　刷：** 河北京平诚乾印刷有限公司

**版　　次：** 2024年8月第1版　2024年8月第1次印刷

**开　　本：** 787 mm×1 092 mm 1/16　**印张：** 15.25　**字数：** 191千

**书　　号：** ISBN 978-7-113-31479-8

**定　　价：** 68.00元

---

# 编委会

# 前言

党的十八大以来，习近平总书记多次对安全生产作出重要指示批示，强调树立安全发展理念，弘扬生命至上、安全第一的思想，切实保障人民群众的生命财产安全。习近平总书记的重要指示批示，充分体现了对人民群众生命安全的深切关心和爱护，对做好安全生产、职业健康工作提出了新的更高要求。

近年来，我国安全生产和职业健康形势持续稳定好转，但工伤事故和职业病仍时有发生。有的事故伤亡惨重，给劳动者及其家庭带来巨大灾难。这种状况与尊重生命、安全发展、健康中国的要求是极不相符的。贯彻安全发展理念，迫切要求相关部门、各企业以对人民生命安全高度负责的态度，重视并做好安全培训工作，切实保障劳动者生命安全与健康。

为了提升铁路企业重点人员工伤预防意识和能力，从源头上消除事故隐患和职业病危害，人力资源和社会保障部办公厅、国家卫生健康委员会办公厅、应急管理部办公厅、国家铁路局综合司、国家矿山安全监察局综合司联合下发《关于实施矿山、机械制造、铁路运输、铁路建设施工等行业重点企业工伤预防能力提升培训工程的通知》（以下简称《通知》），要求实施矿山、机械制造、铁路运输、铁路建设施工等行业重点企业工伤预防能力提升培训工程，对重点培训对象开展全覆盖、高质量培训，切实提升安全生产与职业健康基础保障水平。国家铁路局高度重视贯彻落实《通知》精神，要求铁路企业落实安全生产和职业病防治主体责任，把工伤预防能力提升培训作为保障劳动者人身安全的基础性、关键性工作，强化组织领导，统筹抓好落实。

本套教材编委会按照《通知》及《国家铁路局综合司、人力资源社会保障部办公厅关于印发铁路企业“三类”人员工伤预防能力通用培训大纲的通知》要求，对培训教材进行整体设计，力求贴近现场、贴近实际，突出实用性，为工伤预防能力提升培训扎实开展提供坚实保障。为满足铁路企业“三类人员”工伤预防能力提升培训需要，本套教材共包含 4 册，分别为《铁路企业安全生产与职业健康分管负责人工伤预防知识》《铁路企业专职安全生产与职业健康管理人员工伤预防知识》《铁路企业班组长（含车间主任、车队长）工伤预防知识》《铁路企业“三类人员”工伤预防能力提升培训习题集》。

本套教材编写工作得到了人力资源和社会保障部、国家铁路局、中国国家铁路集团有限公司的大力支持。本套教材由多位具有较高理论水平和丰富实践经验的专家编写，为保障教材质量，铁路行业的多位领导同志和资深专家对教材进行了审核把关。

安全无小事，责任重于山。希望各铁路企业认真贯彻《通知》精神，勇于担当，奋发有为，切实搞好重点培训对象全覆盖培训工作，保障广大劳动者的生命安全和职业健康，为推动铁路高质量发展贡献力量。

编委会

2024 年 6 月

# 内容简介

本书是铁路企业“三类人员”工伤预防能力培训系列教材配套习题集，试题紧扣安全生产、职业健康、工伤保险等法律法规，针对铁路企业安全生产和职业健康管理的特点，详细考查了铁路企业安全生产与职业健康分管负责人在工伤预防方面应掌握的知识和技能，涉及国家相关法律法规、安全生产管理、铁路专业安全技术、铁路工伤事故预防、职业健康防护、铁路应急管理、常用现场应急救护知识与技能、工伤保险知识、工伤预防其他知识。

本习题集第一章由马世全、刘瑞芳编写，第二章第三节由马世全编写，第二章第四节由刘瑞芳编写，第二章第一节、第二节、第五节及第三章由刘连珂、马元林编写，第四章由赵彦星编写，第五章、第七章、第八章、第九章由刘辉霞、方谦、李航编写，第六章由王海星、秦冬全、尹红编写。

本习题集内容丰富、实用性强，适用于铁路企业工伤预防能力提升培训及安全生产培训等，也可作为相关人员提升安全生产和职业健康知识的参考用书。

# 目　录

# 第一章 国家相关法律法规标准

## 一、单项选择题

**1. 第三次修正的《中华人民共和国安全生产法》，自（　　）起施行。**

A. 2014 年 8 月 31 日　　B. 2014 年 12 月 1 日

C. 2021 年 6 月 10 日　　D. 2021 年 9 月 1 日

**2. 为了加强安全生产工作，防止和减少生产安全事故，保障（　　），促进经济社会持续健康发展，制定《中华人民共和国安全生产法》。**

A. 人民群众生命安全　　B. 财产安全

C. 人民群众生命和财产安全　　D. 劳动者健康及其相关权益

**3. 从业人员在作业过程中，应当严格落实（　　），遵守本单位的安全生产规章制度和操作规程，服从管理，正确佩戴和使用劳动防护用品。**

A. 安全作业规程　　B. 安全管理规定

C. 岗位安全责任　　D. 安全人员管理

**4. 下列不属于《中华人民共和国劳动法》包含的与劳动者生产安全有关的内容的是（　　）。**

A. 劳动安全卫生　　B. 女职工和未成年工特殊保护

C. 职业培训　　D. 选举权

**5. 下列不属于《中华人民共和国劳动法》规定的保障劳动安全卫生的责任和义务主体的是（　　）。**

A. 工会　　B. 政府

C. 劳动者　　D. 用人单位

**6. 下列不属于《中华人民共和国刑法》第一百三十二条规定的铁路运营安全事故罪主体的是（　　）。**

A. 火车司机　　B. 调度员

C. 乘客　　D. 信号工

**7. 依据《最高人民法院、最高人民检察院关于办理危害生产安全刑事案件适用法律若干问题的解释》，违反《中华人民共和国刑法》相关法条，因而发生安全事故，应当认定为“造成严重后果”。严重后果是指，造成死亡（　　）以上，或者重伤（　　）以上的。**

A. 一人；二人　　B. 一人；三人

C. 三人；五人　　D. 三人；十人

**8. 为了（　　）职业病危害，防治职业病，保护劳动者健康及其相关权益，促进经济社会发展，制定了《中华人民共和国职业病防治法》。**

A. 预防、控制和消除　　B. 预防、控制和治疗

C. 监测、控制和消除　　D. 预防、康复和补偿

**9.《中华人民共和国突发事件应对法》是为了预防和减少突发事件的发生，（　　）突发事件引起的严重社会危害，提高突发事件预防和应对能力，规范突发事件应对活动，保护人民生命财产安全，维护国家安全、公共安全、生态环境安全和社会秩序而制定的法律。**

A. 控制、减轻和消除　　B. 预防、减轻和消除

C. 控制、防范和消除　　D. 控制、减轻或避免

**10.《铁路交通事故调查处理规则》所称的铁路交通事故是指铁路机车车辆在运行过程中发生（　　）等影响铁路正常行车的事故。**

A. 冲突、相撞、脱轨、火灾　　B. 冲突、相撞、脱轨、爆炸

C. 冲突、颠覆、火灾、爆炸　　D. 冲突、脱轨、火灾、爆炸

**11.《铁路技术管理规程》是我国铁路技术管理的基本规章。其制定以后，铁路车、机、工、电、辆、供等生产单位根据本单位安全生产要求，制定了一系列引申规章制度，《铁路技术管理规程》及其引申规章是铁路运输安全生产的（　　）技术保障。**

A. 全面　　B. 主要

C. 重要　　D. 基础性

**12.《工伤预防五年行动计划（2021—2025 年）》提出的工作目标要求：工伤事故发生率明显下降，重点行业 5 年降低（　　）左右。**

A. 10%　　B. 15%

C. 20%　　D. 25%

**13.《用人单位劳动防护用品管理规范》将劳动防护用品分为（　　）大类。**

A. 五　　B. 六

C. 八　　D. 十

**14. 根据《安全色》（GB 2893—2008）的规定，安全色是指（　　）。**

A. 红色、橙色、黄色、绿色　　B. 紫色、蓝色、黄色、绿色

C. 红色、蓝色、黄色、绿色　　D. 红色、蓝色、黄色、青色

**15.《安全色》（GB 2893—2008）规定（　　）是传递必须遵守规定的指令性信息。**

A. 红色　　B. 蓝色

C. 黄色　　D. 青色

**16.《安全标志及其使用导则》（GB 2894—2008）规定安全标志由图形符号、安全色、几何形状（边框）或文字构成，分为禁止标志、（　　）、指令标志和提示标志四种类型。**

A. 警告标志　　B. 警示标志

C. 警醒标志　　D. 预警标志

**17. 根据《安全标志及其使用导则》（GB 2894—2008）的规定，下列属于禁止标志的是（　　）。**

A. 

B. 

C. 

D. 

**18.《企业职工伤亡事故分类标准》（GB 6441—1986）规定的事故类别共（　　）类。**

A. 10　　B. 15

C. 20　　D. 25

**19. 铁路系统初步建立的突发性公共事件应急管理机制要求，在发生突发性公共事件时，相关部门应当采取应急措施。下列哪一项不属于这种应急措施需要应对的情况？（　　）**

A. 某火车接触网突然发生停电　　B. 铁路沿线的别墅着火

C. 某火车上发生劫持人质事件　　D. 某火车上出现大范围流行病

**20. 某铁路单位对员工违反生产安全的行为采取了一系列措施进行控制。下列属于预先控制的是（　　）。**

A. 领导及相关科室干部到一线岗位进行相关检查

B. 对经检查发现违反相关规定的个人扣除当月奖金

C. 大力进行相关教育，并制定了一系列检查和奖罚措施

D. 发现各项措施成效不明显时，管理人员带队到相关单位学习经验

## 二、多项选择题

**1. 安全生产工作应当以人为本，坚持（　　），把保护人民生命安全摆在首位。**

A. 人民至上　　B. 生命至上

C. 预防为主　　D. 科学发展

**2. 安全生产工作应当坚持（　　）的方针，从源头上防范化解重大安全风险。**

A. 安全第一　　B. 兼顾效益

C. 预防为主　　D. 综合治理

**3. 安全生产工作实行（　　）。**

A. 管行业必须管安全　　B. 管业务必须管安全

C. 管生产经营必须管安全　　D. 管运输必须管安全

**4. 下列属于《中华人民共和国安全生产法》第五十三条至第五十五条规定的从业人员依法享有的安全生产保障权利的有（　　）。**

A. 对作业场所和工作岗位存在的危险因素、防范措施及事故应急措施的知情权

B. 对本单位安全生产工作中存在的问题提出批评、检举和控告

C. 对违章指挥和强令冒险作业的拒绝权

D. 遇直接危及人身安全的紧急情况时的停止作业权或者在采取可能的应急措施后撤离作业现场

**5. 下列符合《中华人民共和国劳动法》劳动安全卫生规定的有（　　）。**

A. 用人单位必须建立、健全劳动安全卫生制度

B. 劳动安全卫生设施必须符合国家规定的标准

C. 用人单位必须为劳动者提供符合国家规定的劳动安全卫生条件和必要的劳动防护用品

D. 未经安全生产教育和培训合格的从业人员，不得上岗作业

**6. 根据《中华人民共和国劳动法》的规定，新建、改建、扩建工程的劳动安全卫生设施必须与主体工程（　　）。**

A. 同时设计　　B. 同时施工

C. 同时验收　　D. 同时投入生产和使用

**7. 下列属于违反《中华人民共和国刑法》第一百三十二条规定的铁路运营安全事故罪的行为有（　　）。**

A. 从事维修的铁路职工违反操作规程冒险作业，致使发生铁路运营安全事故，造成人员伤亡

B. 从事管理的铁路职工值班时睡觉，致使发生铁路运营安全事故，使公私财产遭受重大损失

C. 从事调度管理的铁路职工不按时发出火车进出站信号，致使发生铁路运营安全事故，使公私财产遭受重大损失

D. 汽车驾驶员未按道口灯信号，强行穿过铁路，致使发生铁路运营安全事故，造成人员伤亡

**8. 根据《中华人民共和国突发事件应对法》，下列属于突发事件应对活动的有（　　）。**

A. 预防与应急准备　　B. 监测与预警

C. 应急处置与救援　　D. 人员疏散和财产转移

**9. 铁路作业人员在从事与行车相关的作业过程中等造成伤亡，下列定责不正确的有（　　）。**

A. 事故发生过程终止后，在事故救援、抢修、复旧及处理中又发生事故导致伤亡的，按一件事故定责

B. 管理人员不掌握作业人员患有职业禁忌症，安排其作业而导致行为失控，造成伤亡的，定非责任事故

C. 作业人员在间歇时间擅自动用铁路运输设备设施等导致伤亡的，仅定该作业人员所在单位责任事故

D. 作业人员在工作时间擅自动用铁路运输设备设施、工具等导致伤亡的，定该作业人员所在单位责任事故，同时追究设备设施配属（或管理）单位的责任

**10. 下列关于铁路线路安全保护区的范围的说法正确的有（　　）。**

A. 城市市区高速铁路为 10 m，其他铁路为 8 m

B. 城市郊区居民居住区高速铁路为 12 m，其他铁路为 10 m

C. 村镇居民居住区高速铁路为 16 m，其他铁路为 12 m

D. 村镇居民居住邻近区高速铁路为 18 m，其他铁路为 15 m

**11.《安全标志及其使用导则》（GB 2894—2008）规定，安全标志由（　　）构成。**

A. 图形符号　　B. 安全色

C. 安全标语　　D. 几何形状（边框）或文字

**12. 按照《企业职工伤亡事故分类标准》（GB 6441—1986），根据事故严重程度，事故可以分为（　　）。**

A. 轻伤事故　　B. 重伤事故

C. 伤亡事故　　D. 其他事故

## 三、判断题

**1**. 生产经营单位的从业人员不落实岗位安全责任，不服从管理，违反安全生产规章制度或者操作规程的，构成犯罪的，依照刑法有关规定追究刑事责任。

（　　）

**2**. 生产经营单位的从业人员对违章指挥可先执行再报告。

（　　）

**3**. 依据《关于办理危害生产安全刑事案件适用法律若干问题的解释》，造成直接经济损失 500 万元以上的，属于“造成严重后果”。

（　　）

**4**.《中华人民共和国社会保险法》对保障公民在年老、疾病、工伤、失业、生育等情况下依法从国家和社会获得物质帮助的权利作出规定。

（　　）

**5**. 根据《铁路交通事故应急救援和调查处理条例》的规定，事故等级分为特别重大事故、重大事故、较大事故和一般事故。

（　　）

**6**.《铁路技术管理规程》对铁路的基本建设、运输生产和安全管理都起着重要的作用。

（　　）

**7**.《工伤预防五年行动计划（2021—2025 年）》完善了“预防、控制、消除”三位一体的制度体系，把工伤预防作为工伤保险优先事项。

（　　）

**8.**《企业职工伤亡事故分类标准》规定的伤害程度分类为轻伤、重伤。（　　）

## 参考答案与解析

### 一、单项选择题

1.【参考答案】D

【解析】《中华人民共和国安全生产法》由2002年6月29日第九届全国人民代表大会常务委员会第二十八次会议通过，自2002年11月1日起施行。2009年8月27日第一次修正，自2009年8月27日起施行；2014年8月31日第二次修正，自2014年12月1日起施行；2021年6月10日第三次修正，自2021年9月1日起施行。故选D。

2.【参考答案】C

【解析】《中华人民共和国安全生产法》第一条规定，为了加强安全生产工作，防止和减少生产安全事故，保障人民群众生命和财产安全，促进经济社会持续健康发展，制定本法。故选C。

3.【参考答案】C

【解析】《中华人民共和国安全生产法》第五十七条规定，从业人员在作业过程中，应当严格落实岗位安全责任，遵守本单位的安全生产规章制度和操作规程，服从管理，正确佩戴和使用劳动防护用品。故选C。

4.【参考答案】D

【解析】《中华人民共和国劳动法》包括促进就业、劳动合同和集体合同、工作时间和休息休假、工资、劳动安全卫生、女职工和未成年工特殊保护、职业培训、社会保险和福利、劳动争议、监督检查、法律责任等内容。故选D。

5.【参考答案】A

【解析】《中华人民共和国劳动法》第六章规定了用人单位、劳动者和政府在劳动安全卫生方面的责任和义务。故选A。

6.【参考答案】C

【解析】《中华人民共和国刑法》第一百三十二条是关于铁路运营安全事故

罪规定，铁路职工违反规章制度，致使发生铁路运营安全事故，造成严重后果的，处三年以下有期徒刑或者拘役；造成特别严重后果的，处三年以上七年以下有期徒刑。铁路运营安全事故罪的主体是特殊主体，即铁路职工。故选 C。

7.【**参考答案**】B

【**解析**】依据《最高人民法院、最高人民检察院关于办理危害生产安全刑事案件适用法律若干问题的解释》第六条第一款，实施刑法第一百三十二条、第一百三十四条第一款、第一百三十五条、第一百三十五条之一、第一百三十六条、第一百三十九条规定的行为，因而发生安全事故，具有下列情形之一的，应当认定为“造成严重后果”或者“发生重大伤亡事故或造成其他严重后果”，对相关责任人员，处三年以下有期徒刑或者拘役：（一）造成死亡一人以上，或者重伤三人以上的；（二）造成直接经济损失一百万元以上的；（三）其他造成严重后果或者重大安全事故的情形。故选 B。

8.【**参考答案**】A

【**解析**】《中华人民共和国职业病防治法》第一条规定，为了预防、控制和消除职业病危害，防治职业病，保护劳动者健康及其相关权益，促进经济社会发展，根据宪法，制定本法。故选 A。

9.【**参考答案**】A

【**解析**】《中华人民共和国突发事件应对法》第一条规定，为了预防和减少突发事件的发生，控制、减轻和消除突发事件引起的严重社会危害，提高突发事件预防和应对能力，规范突发事件应对活动，保护人民生命财产安全，维护国家安全、公共安全、生态环境安全和社会秩序，根据宪法，制定本法。故选 A。

10.【**参考答案**】D

【**解析**】《铁路交通事故调查处理规则》所称的铁路交通事故是指铁路机车车辆在运行过程中发生冲突、脱轨、火灾、爆炸等影响铁路正常行车的事故，包括影响铁路正常行车的相关作业过程中发生的事故；或者铁路机车车辆在运行过程中与行人、机动车、非机动车、牲畜及其他障碍物相撞的事故。故选 D。

11.【**参考答案**】D

【**解析**】《铁路技术管理规程》是我国铁路技术管理的基本规章。《铁路技术管理规程》及其引申规章是铁路运输安全生产的基础性技术保障。故选 D。

12.【参考答案】C

【解析】《工伤预防五年行动计划（2021—2025年）》规定，工作目标：“工伤事故发生率明显下降，重点行业5年降低20%左右；工作场所劳动条件不断改善，切实降低尘肺病等职业病的发生率；工伤预防意识和能力明显提升，实现从‘要我预防’到‘我要预防’‘我会预防’的转变”。故选C。

13.【参考答案】D

【解析】《用人单位劳动防护用品管理规范》将劳动防护用品分为十大类，分别为头部防护用品、呼吸防护用品、眼面部防护用品、听力防护用品、手部防护用品、足部防护用品、躯干防护用品、护肤用品、坠落防护用品、其他劳动防护用品。故选D。

14.【参考答案】C

【解析】《安全色》（GB 2893—2008）规定了传递安全信息的颜色、安全色的测试方法和使用方法，适用于公共场所、生产经营单位和交通运输、建筑、仓储等行业以及消防等领域所使用的信号和标志的表面色。安全色包括红色、蓝色、黄色、绿色四种颜色，对比色包括黑色、白色两种颜色。故选C。

15.【参考答案】B

【解析】《安全色》（GB 2893—2008）规定，蓝色传递必须遵守规定的指令性信息。蓝色用于各种指令标志［参照《安全标志及其使用导则》（GB 2894—2008）］、道路交通标志和标线中的指示标志［参照《道路交通标志和标线》（GB 5768）系列标准］等。故选B。

16.【参考答案】A

【解析】《安全标志及其使用导则》（GB 2894—2008）规定了传递安全信息的标志及其设置、使用的原则，适用于公共场所、工业企业、建筑工地和其他有必要提醒人们注意安全的场所。安全标志由图形符号、安全色、几何形状（边框）或文字构成，分为禁止标志、警告标志、指令标志和提示标志四种类型。故选A。

17.【参考答案】A

【解析】禁止标志是禁止人们不安全行为的图形标志（共有40个），其基本形式是带斜杠的圆边框。故选A。

18.【参考答案】C

【解析】《企业职工伤亡事故分类标准》（GB 6441—1986）规定的事故类别

包括物体打击、车辆伤害、机械伤害、起重伤害、触电、淹溺、灼烫、火灾、高处坠落、坍塌、冒顶片帮、透水、放炮、火药爆炸、瓦斯爆炸、锅炉爆炸、容器爆炸、其他爆炸、中毒和窒息、其他伤害等共 20 类。故选 C。

19.【参考答案】B

【解析】突发性公共事件是指突然发生，造成或者可能造成重大人员伤亡、重大财产损失、重大生态环境破坏，影响和威胁本地区甚至全国经济社会稳定和政治安定局面的，有社会重大影响的涉及公共安全的紧急事件。突发性公共事件包括：①自然灾害；②事故灾难；③突发公共卫生事件；④突发社会安全事件。故选 B。

20.【参考答案】C

【解析】预先控制也称为前馈控制，它是在作决策、制订计划时的控制，组织通过制定政策、程序、条例、规定组成的持续性计划，来建立预期或预先控制，重点是预防系统过于偏离预先制定的标准，使系统维持在指定的限度之内，防止不符合期望的事情发生。故选 C。

## 二、多项选择题

1.【参考答案】AB

【解析】《中华人民共和国安全生产法》第三条第二款规定，安全生产工作应当以人为本，坚持人民至上、生命至上，把保护人民生命安全摆在首位，树牢安全发展理念，坚持安全第一、预防为主、综合治理的方针，从源头上防范化解重大安全风险。故选 AB。

2.【参考答案】ACD

【解析】《中华人民共和国安全生产法》第三条第二款规定，安全生产工作应当以人为本，坚持人民至上、生命至上，把保护人民生命安全摆在首位，树牢安全发展理念，坚持安全第一、预防为主、综合治理的方针，从源头上防范化解重大安全风险。故选 ACD。

3.【参考答案】ABC

【解析】《中华人民共和国安全生产法》第三条第三款规定，安全生产工作实行管行业必须管安全、管业务必须管安全、管生产经营必须管安全，强化和落实生产经营单位主体责任与政府监管责任，建立生产经营单位负责、职工参与、政府监管、行业自律和社会监督的机制。故选 ABC。

4.【参考答案】ABCD

【解析】根据《中华人民共和国安全生产法》第五十三条至第五十五条的规定，从业人员依法享有以下安全生产保障权利：①对作业场所和工作岗位存在的危险因素、防范措施及事故应急措施的知情权；②对本单位安全生产工作中存在的问题提出批评、检举和控告；③对违章指挥和强令冒险作业的拒绝权；④发现直接危及人身安全的紧急情况时，有权停止作业或者在采取可能的应急措施后撤离作业场所。故选 ABCD。

5.【参考答案】ABC

【解析】《中华人民共和国劳动法》第六章规定了用人单位、劳动者和政府在劳动安全卫生方面的责任和义务。第五十二条规定，用人单位必须建立、健全劳动安全卫生制度，严格执行国家劳动安全卫生规程和标准，对劳动者进行劳动安全卫生教育，防止劳动过程中的事故，减少职业危害。第五十三条规定，劳动安全卫生设施必须符合国家规定的标准……第五十四条规定，用人单位必须为劳动者提供符合国家规定的劳动安全卫生条件和必要的劳动防护用品，对从事有职业危害作业的劳动者应当定期进行健康检查。第五十五条规定，从事特种作业的劳动者必须经过专门培训并取得特种作业资格。第五十六条规定，劳动者在劳动过程中必须严格遵守安全操作规程……第五十七条规定，国家建立伤亡事故和职业病统计报告和处理制度……故选 ABC。

6.【参考答案】ABD

【解析】《中华人民共和国劳动法》第五十三条规定，劳动安全卫生设施必须符合国家规定的标准。新建、改建、扩建工程的劳动安全卫生设施必须与主体工程同时设计、同时施工、同时投入生产和使用。故选 ABD。

7.【参考答案】ABC

【解析】《中华人民共和国刑法》第一百三十二条规定，铁路职工违反规章制度，致使发生铁路运营安全事故，造成严重后果的，处三年以下有期徒刑或者拘役；造成特别严重后果的，处三年以上七年以下有期徒刑。根据本条规定，构成违反铁路运营安全事故罪，必须符合以下条件：①构成违反铁路运营安全事故罪的主体必须是“铁路职工”；②行为人的行为违反了关于铁路运营安全方面的规章制度，致使发生铁路运营安全事故；③由于行为人的行为，造成了严重后果。这里所说的“造成严重后果的”，是指造成人员伤亡或公私财产遭受重大损失等结果。D 项的主体不是铁路职工。故选 ABC。

8.【参考答案】ABC

【解析】《中华人民共和国突发事件应对法》第二条第二款规定，突发事件的预防与应急准备、监测与预警、应急处置与救援、事后恢复与重建等应对活动，适用本法。故选 ABC。

9.【参考答案】ABC

【解析】事故发生过程终止后，在事故救援、抢修、复旧及处理中又发生事故导致伤亡的，按另一件事故定责，A 项错误；作业人员在劳动过程中因患有职业禁忌证而导致行为失控，造成伤亡的，列责任事故，B 项错误；作业人员在工作或间歇时间擅自动用铁路运输设备设施、工具等导致伤亡的，定该作业人员所在单位责任事故，同时追究设备设施配属（或管理）单位的责任，C 项错误，D 项正确。故选 ABC。

10.【参考答案】AB

【解析】《铁路安全管理条例》第二十七条第一款规定，铁路线路两侧应当设立铁路线路安全保护区。铁路线路安全保护区的范围，从铁路线路路堤坡脚、路堑坡顶或者铁路桥梁（含铁路、道路两用桥）外侧起向外的距离分别为：（一）城市市区高速铁路为 10 m，其他铁路为 8 m；（二）城市郊区居民居住区高速铁路为 12 m，其他铁路为 10 m；（三）村镇居民居住区高速铁路为 15 m，其他铁路为 12 m；（四）其他地区高速铁路为 20 m，其他铁路为 15 m。故选 AB。

11.【参考答案】ABD

【解析】《安全标志及其使用导则》（GB 2894—2008）规定了传递安全信息的标志及其设置、使用的原则，适用于公共场所、工业企业、建筑工地和其他有必要提醒人们注意安全的场所。安全标志由图形符号、安全色、几何形状（边框）或文字构成，分为禁止标志、警告标志、指令标志和提示标志四种类型。故选 ABD。

12.【参考答案】ABC

【解析】根据《企业职工伤亡事故分类标准》（GB 6441—1986）事故严重程度可以分为以下类别：①轻伤事故，指只有轻伤的事故；②重伤事故，指有重伤无死亡的事故；③死亡事故，死亡事故又分为重大死亡事故和特大死亡事故。故选 ABC。

## 三、判断题

1.【参考答案】√

【解析】生产经营单位的从业人员不落实岗位安全责任，不服从管理，违反安全生产规章制度或者操作规程的，由生产经营单位给予批评教育，依照有关规章制度给予处分；构成犯罪的，依照刑法有关规定追究刑事责任。

2.【参考答案】×

【解析】《中华人民共和国安全生产法》第五十四条第一款规定，从业人员有权对本单位安全生产工作中存在的问题提出批评、检举、控告；有权拒绝违章指挥和强令冒险作业。

3.【参考答案】×

【解析】依据《最高人民法院、最高人民检察院关于办理危害生产安全刑事案件适用法律若干问题的解释》，具有下列情形之一的，应当认定为“造成严重后果”：造成死亡一人以上，或者重伤三人以上的；造成直接经济损失一百万元以上的；其他造成严重后果或者重大安全事故的情形。

4.【参考答案】√

【解析】《中华人民共和国社会保险法》对国家建立基本养老保险、基本医疗保险、工伤保险、失业保险、生育保险等社会保险制度，保障公民在年老、疾病、工伤、失业、生育等情况下依法从国家和社会获得物质帮助的权利作出规定。

5.【参考答案】√

【解析】《铁路交通事故应急救援和调查处理条例》根据事故造成的人员伤亡、直接经济损失、列车脱轨辆数、中断铁路行车时间等情形，事故等级分为特别重大事故、重大事故、较大事故和一般事故。

6.【参考答案】√

【解析】《铁路技术管理规程》是铁路各部门、各单位制定各种规程、规范、规则、细则、标准和办法的基本依据，对铁路的基本建设、运输生产和安全管理都起着重要的作用。

7.【参考答案】×

【解析】《工伤预防五年行动计划（2021—2025年）》完善了“预防、康复、补偿”三位一体的制度体系，把工伤预防作为工伤保险优先事项，通过推进工伤预防工作，切实提升工伤预防意识和能力，改善工作场所的劳动条件，切实降低工伤事故发生率，促进经济社会持续健康发展。

8.【参考答案】×

【解析】根据《企业职工伤亡事故分类标准》（GB 6441—1986），伤害分为：轻伤，指损失工作日为1个工作日以上（含1个工作日），105个工作日以下的失能伤害。重伤，指损失工作日为105工作日以上（含105个工作日），1 000个工作日以下的失能伤害。死亡，指损失工作日为6 000工作日以上（含6 000工作日）的失能伤害。

# 第二章
# 安全生产管理

## 一、单项选择题

**1. 新时期安全领导能力要求，要牢固树立安全发展理念，始终把（　　）放在第一位，这是一条不可逾越的红线。**

A. 人民群众生命安全　　B. 生产任务

C. 经济效益　　D. 劳动生产率

**2. 新时期安全领导能力要求，要加大安全监管监察力度，制定（　　），督促落实到位。**

A. 工作任务和实施办法　　B. 监督检查办法

C. 安全防范措施清单　　D. 权力清单和责任清单

**3. 新时期安全领导能力体现，就是要正确处理好安全与发展的关系，坚持贯彻以（　　）为中心的发展思想。**

A. 生产　　B. 质量

C. 效益　　D. 人民

**4. 新时期安全领导能力体现，做好安全生产工作，就必须强化依法治理安全生产，用（　　）解决安全生产问题。**

A. 政治思维和思想手段　　B. 行政思维和行政手段

C. 经济思维和经济手段　　D. 法治思维和法治手段

**5. 下列不属于铁路运输企业通用安全生产红线的是（　　）。**

A. 班前、班中饮酒

B. 无资质人员或擅自交由无资质人员驾驶机车、动车组

C. 机车乘务员擅自关闭或切除行车安全装备

D. 旷工或不按时到岗

**6. 下列关于车务、调度系统安全生产红线的说法，错误的是（　　）。**

A. 与正线、到发线衔接没有隔开设备或脱轨器的线路上停留机车车辆时，未按规定采取防溜措施

B. 接发列车时，在与接发列车进路没有隔开设备或脱轨器的线路上，向进入接发列车进路的方向调车作业

C. 在接到危及行车安全的险情报告时，列车调度员违章盲目放行列车

D. CTC 区段，列车调度员办理旅客列车经由轨道电路分路不良区段的作业时，准备进路前未确认该进路上分路所有区段空闲

**7. 下列不属于车辆系统安全生产红线的是（　　）。**

A. 客车定检过期却上线使用

B. 随车机械师对危及行车安全的车辆故障不按规定进行应急处置，盲目带车

C. 对货车安全监测设备预报的信息，作业人员未按规定处置

D. 动车组故障

**8. 下列不属于机车系统安全生产红线的是（　　）。**

A. 客运机车超检修周期上线使用

B. 机车乘务员值乘运行中睡觉

C. 机车乘务员值乘中违章离开司机室，造成司机室无人值守

D. 机车乘务员值乘运行中吃饭

**9. 下列不属于铁路工务、房建系统安全生产红线的是（　　）。**

A. 不设防护上道作业

B. 高速铁路作业后遗留工机具

C. 防护员漏报、错报本线列车

D. 有限空间作业执行“先通风、再检测、后作业”规定

**10. 下列不属于电务系统安全生产红线的是（　　）。**

A. 在施工、检修、故障处理等各项作业中，违章使用封连线

B. 未按照规定程序，违章拆、改、配线

C. 违章简化联锁试验程序，联锁试验不彻底

D. 信号故障处理，忘带工具

**11. 下列不属于供电系统安全生产红线的是（　　）。**

A. 未确认停电条件，错误停电

B. 隧道吊柱侵入机车车辆限界

C. 接触网作业车未按规定设置或撤除防溜装置

D. 接触网作业车司机上班迟到

**12. 下列不属于客运系统安全生产红线的是（　　）。**

A. 漏传、错传调度命令或错误执行调度命令

B. 擅自在临时停车时组织乘降

C. 看车人员在车内抽烟、使用明火

D. 客运人员作业简化作业程序

**13. 下列不属于货运作业安全生产红线的是（　　）。**

A. 货物发生旋转造成超限，卷钢等发生滚动

B. 非危险货物办理站办理危险货物承运手续

C. 货物开放造成超限，卷钢等发生滚动

D. 货运人员错误抄报车号

**14. 关于铁路运输安全生产红线管理要求，下列说法错误的是（　　）。**

A. 国铁集团及所属单位应将防止碰触安全生产红线的措施纳入相关岗位的作业标准中

B. 相关责任追究规定，依法履行企业民主管理程序后，纳入企业管理规章制度，并公示或告知职工

C. 鼓励自查自纠，对所属单位和部门自查发现的碰触安全红线问题，可对相关管理人员从轻或减轻处理，甚至免予责任追究

D. 碰触安全红线的人员至少 1 个月内不得从事本岗位或其他涉及高铁和旅客列车安全的关键岗位，同时应对相关管理人员进行追责

**15. 铁路运输安全生产红线管理要求，对于碰触安全生产红线的人员，严格执行（　　）制度，至少在规定期限内不得从事本岗位或其他涉及铁路运输安全生产的其他关键岗位。**

A. 安全生产管理　　B. 安全生产技术

C. 安全生产预案　　D. 安全生产责任

**16. 下列选项不属于铁路建设施工安全生产红线的是（　　）。**

A. 未按照相关要求对设计、施工和监理单位进行资质审查，未审查施工、监理单位的安全生产投入和主要管理人员是否满足投标承诺和有关规定

B. 未建立健全施工安全责任制度和责任追究制度

C. 未组织施工图审查、技术交底和审批开工报告

D. 未对施工和监理等单位违反劳动纪律进行责任追究

**17. 下列属于铁路营业线施工安全生产 A 类红线的是（　　）。**

A. 未与运营单位签订有效的安全协议

B. 施工组织方案没有专项安全措施、应急预案内容

C. 施工准备不充分或准备过头

D. 劳务工在没有正式职工上带领单独上道作业

**18. 下列属于铁路营业线施工安全生产 B 类红线的是（　　）。**

A. 未与运营单位签订有效的安全协议

B. 无路局施工计划或超计划施工

C. 施工项目负责人未按规定到现场把关

D. 作业人员未按规定时间下道

**19. 下列属于铁路隧道施工安全生产 A 类红线的是（　　）。**

A. 未规范编制应急预案，未开展应急培训和演练

B. 国家规定的特种作业人员，未经专业培训和考核合格取得操作证后上岗

C. 专职安全生产管理人员不到位或未按规定履行职责

D. 洞内堆放易燃物品

**20. 下列属于铁路隧道施工安全生产 B 类红线的是（　　）。**

A. 没有制定并实施超前地质预报实施细则

B. 擅自变更隧道施工方案，变更审批手续不规范，安全防范措施不到位

C. 隧道地质情况与设计不符，未及时提请设计变更继续进行施工

D. 用电设备未实行“一机一闸一漏一保护”，严禁用一个开关直接控制两台及以上的用电设备

**21. 下列属于铁路移动模架施工安全生产 A 类红线的是（　　）。**

A. 在移动模架横移、纵移过程中，未设专人监视系统的平衡状态

B. 特殊工种未经过安全培训，未持证上岗作业

C. 操作人员擅自离开工作岗位或将机械交给其他无证人员操作

D. 机械上的各种安全防护装置未做到完好齐全

**22. 下列不属于铁路运架梁施工安全生产 B 类红线的是（　　）。**

A. 各型架桥机及配套设备在出厂前、进场后未办理施工许可，未取得使用许可证

B. 架桥机在高压输电线路下架桥作业时，高压输电线路距架桥机的最小安全距离不满足规定

C. 运梁车走行经过的桥涵和路基、便道等其他工况，不满足运架梁荷载安全要求

D. 运架梁施工时，存在超速作业、夜间施工、五级及以上大风天气作业等情况

**23. 下列关于铁路建设安全生产红线管理中的“五定、三统一、一负责”等日常检查制度的说法，错误的是（　　）。**

A.“五定”指的是定人、定期、定岗、定责、定点

B.“三统一”指的是统一部署、统一记录、统一分析的“三统一”要求

C.“一负责”指的是首查负责制

D.“五定”指的是定员、定期、定编、定责、定位

**24.《国务院关于进一步加强安全生产工作的决定》提出，在全国所有工矿、商贸、(　　)、建筑施工等企业普遍开展安全质量标准化活动。**

A. 非煤矿山　　B. 交通运输

C. 烟花爆竹　　D. 冶金机械

**25. 第三次修正的《中华人民共和国安全生产法》，将开展安全生产标准化建设列为生产经营单位的法定责任，要求生产经营单位加强(　　)。**

A. 安全生产标准化建设　　B. 安全生产制度建设

C. 危险化学品管理　　D. 交通运输企业管理

**26. 铁道部《关于贯彻国务院进一步加强企业安全生产工作通知的实施意见》中明确要求，突出强化高铁安全管理、(　　)。**

A. 安全生产标准化建设　　B. 安全基础建设

C. 标准化、规范化建设　　D. 安全风险管理

**27.《国家铁路局关于推进铁路企业安全生产标准化建设工作的通知》，要求将企业全部管理层级、各类作业工种、各项经营业务和所有相关方，以及生产经营活动(　　)、各环节纳入安全生产标准化建设。**

A. 全员　　B. 全流程

C. 全方位　　D. 全单位

**28. 企业通过落实(　　)，全员全过程参与，建立并保持安全生产管理体系，全面管控生产经营活动各环节的安全生产与职业卫生工作。**

A. 安全生产主体责任　　B. 安全生产责任

C. 安全生产法　　D. 安全风险管理责任

**29.《企业安全生产标准化建设定级办法》指出，企业标准化等级由高到低分为(　　)；企业标准化定级按照自评、申请、评审、公示、公告的程序进行。**

A. 一级、二级　　B. 一级、二级、三级

C. 一级、二级、三级、四级　　D. 一级、二级、三级、四级、五级

**30. 建立健全评定标准和考评体系的程序包括(　　)、企业安全生产标准化达标评定、企业安全生产标准化达标复核、评定结果公开。**

A. 企业安全生产标准化达标初评　　B. 企业安全生产标准化达标自评

C. 企业安全生产标准化达标评审　　D. 企业安全生产标准化达标自核

**31. 国家标准化委员会发布的《企业安全生产标准化基本规范》（GB/T 33000—2016），提出（　　）一级要素。**

A. 8个　　B. 10个

C. 13个　　D. 16个

**32. 双重预防机制是指安全风险分级管控和（　　）。**

A. 安全生产标准化　　B. 风险辨识评估

C. 隐患排查治理　　D. 质量管理体系

**33. 第三次修正的《中华人民共和国安全生产法》要求生产经营单位构建双重预防机制，健全风险防范化解机制，开展双重预防机制建设成为生产经营单位的（　　）。**

A. 重要工作　　B. 法定责任

C. 必要手段　　D. 重要职责

**34. 安全风险等级从高到低划分为（　　）。**

A. 重大风险、较大风险、一般风险、低风险

B. 特大风险、重大风险、较大风险、一般风险、低风险

C. 重大风险、较大风险、低风险、稍有风险

D. 重特大风险、较大风险、一般风险、零风险

**35. 以下不属于人的行为的危险源是（　　）。**

A. 违章操作　　B. 违章指挥

C. 工作地点照明不足　　D. 无证上岗

**36. 某一风险事件评估出的风险级别是较大风险，对应的风险色为（　　）。**

A. 红色　　B. 黄色

C. 橙色　　D. 蓝色

**37. 作业活动类危险源辨识应采用（　　）进行危险源辨识。**

A. 安全检查表法（SCL）　　B. 经验分析法

C. 作业条件危险性分析法（LEC）　　D. 作业危害分析法（JHA）

**38. 重大风险由（　　）组织制定管控措施，健全人防、物防、技防手段，实时动态监测预警和风险降低工作制度等。**

A. 主要负责人　　B. 安全管理负责人

C. 技术管理负责人　　D. 设备管理负责人

**39. 下列不属于风险辨识中的专项辨识范畴的是（　　）。**

A. 法律法规规章、标准、管理制度等发生较大变化

B. 新建、改建铁路建设工程投入运营前

C. 发生典型事故、严重故障或安全事件等

D. 新设备、新技术、新工艺、新材料等投入使用

**40. 对本单位事故隐患排查治理工作全面负责的是单位的（　　）。**

A. 主要负责人　　B. 安全管理负责人

C. 技术管理负责人　　D. 设备管理负责人

**41. 风险评估中，（　　）是人们在具有潜在危险性环境中作业时的危险性半定量的评估方法，主要针对作业活动类风险评估。**

A. 危险与可操作性分析方法（HAZOP）

B. 作业危害分析法（JHA）

C. 故障树分析法（FTA）

D. 作业条件危险性评价法（LEC）

**42. 重大隐患治理完成后，由单位（　　）组织专项验收，验收通过后向（　　）报告，申请销号。**

A. 技术管理负责人、铁路监管部门

B. 安全管理负责人、主要负责人

C. 技术管理负责人、主要负责人

D. 主要负责人、铁路监管部门

**43. 隐患治理应符合（　　）“五到位”要求。**

A. 责任、措施、资金、时限、预案

B. 评估、报告、监控、治理、销号

C. 责任、措施、资金、治理、预案

D. 排查、登记、报告、治理、销号

**44. 所有企业必须认真履行安全生产主体责任，必须做到五落实五到位。下列关于“五到位”的说法错误的是（　　）。**

A. 安全意识到位　　B. 安全投入到位

C. 安全培训到位　　D. 应急救援到位

**45. 从业人员的安全生产责任制要在企业适当位置进行长期公示，下列不属于公示主要内容的是（　　）。**

A. 所有层级、所有岗位的安全生产责任

B. 安全生产责任范围

C. 安全生产责任考核标准

D. 安全生产岗位工作经历

**46. 下列关于安全生产全过程责任追溯的主要对象的说法错误的是（　　）。**

A. 事故致因所涉及风险的管控责任人

B. 行车设备故障致因所涉及风险的管控责任人

C. 重大安全隐患致因所涉及风险的管控责任人

D. 生产经营单位的各级负责生产和经营的管理人员

**47. 下列关于生产经营单位使用被派遣劳动者的说法错误的是（　　）。**

A. 生产经营单位应当将被派遣劳动者纳入本单位从业人员统一管理

B. 生产经营单位对被派遣劳动者进行岗位安全操作规程和安全操作技能的教育和培训

C. 劳务派遣单位应当对被派遣劳动者进行必要的安全生产教育和培训

D. 劳务派遣单位应当对被派遣劳动者进行岗位安全操作规程和安全操作技能培训

**48. 下列关于生产经营单位资金投入保证的说法错误的是（　　）。**

A. 由生产经营单位的决策机构予以保证

B. 由生产经营单位的主要负责人予以保证

C. 由生产经营单位个人经营的投资人予以保证

D. 由生产经营单位的安全分管负责人予以保证

**49. 下列关于安全生产投入要求的说法错误的是（　　）。**

A. 生产经营单位应当具备的安全生产条件所必需的资金投入

B. 安全生产费用在成本中据实列支

C. 有关生产经营单位应当按照规定提取和使用安全生产费用

D. 提取和使用的安全生产费用，可以用于改善生活条件或发放劳动福利

**50. 铁路生产经营单位主要负责人和安全生产管理人员初次安全生产管理培训时间不得少于（　　）学时，每年再培训时间不得少于（　　）学时。**

A. 24；8　　　　B. 24；12

C. 32；6　　　　D. 32；12

**51. 铁路生产经营单位新上岗的从业人员，岗前安全生产培训时间不得少于（　　）学时。**

A. 8　　　　B. 16

C. 24　　　　D. 32

**52. 研究数据显示，安全保障措施的预防性投入效果与事后整改效果的比例是（　　）。**

A. 1∶2　　　　B. 1∶3

C. 1∶4　　　　D. 1∶5

**53. 下列关于生产经营单位应当对从业人员进行安全生产教育和培训的说法不正确的是（　　）。**

A. 保证从业人员具备必要的安全生产知识

B. 掌握本岗位的安全操作技能

C. 熟悉有关的安全生产规章制度和安全操作规程

D. 只要参加安全生产教育和培训，即可上岗作业

**54. 对安全生产管理人员的教育培训，下列说法不正确的是（　　）。**

A. 企业安全管理人员必须按照国家有关规定进行安全生产培训

B. 所有单位安全管理人员每年应进行安全生产再培训

C. 再培训的主要内容是新知识、新技术、新工艺、新装备和新案例

D. 所有单位安全管理人员初次安全培训时间不得少于 24 学时，每年再培训时间不得少于 8 学时

**55. 铁路企业建立并实施师带徒跟班作业的培训形式，下列有关师带徒的说法不正确的是（　　）。**

A. 选取业务精湛、具有较高职业技能等级的高技能人才担任带教师傅

B. 签订师徒合同，严格按照师徒合同中的培训内容和学时对徒弟进行培训

C. 师徒合同期满进行实作技能考试

D. “师带徒”期间，师徒可以分离

**56. 下列不属于铁路岗前资格性培训的主要内容的是（　　）。**

A. 入路教育　　B. 安全教育

C. 专业理论　　D. 学术理论

**57. 关于从事特种作业、特种设备作业的人员上岗要求，下列说法错误的是（　　）。**

A. 经专门安全作业培训　　B. 考核合格

C. 取得结业培训证书　　D. 定期接受复审

**58. 铁路主要岗位及高速铁路主要行车工种岗位实行定期考核鉴定制度，按照岗位标准规定，定期对在岗人员进行技能鉴定，鉴定不合格者需脱产培训，并在（　　）个月内再次鉴定，仍不合格者须调整工作岗位。**

A. 3　　B. 6

C. 9　　D. 12

**59. 关于岗位培训要求，下列说法错误的是（　　）。**

A. 新上岗、转岗、提职职工必须进行三级安全教育，经培训考试合格后方可上岗

B. 行车、特种作业人员，机械设备、工具操作人员，须经专业安全技术培训考试合格后，方准持证上岗

C. 作业中必须按规定着装、佩戴防护用品和正确使用防护用具，严格执行安全技术操作规程

D. 学徒工、实习人员、干部在参加劳动、学习期间，可以单独顶岗

**60. 关于电气化铁路安全培训，下列说法错误的是（　　）。**

A. 电气化铁路各单位必须组织有关职工认真学习《电气化铁路有关人员电气安全规则》

B. 电气化铁路相关作业人员每年至少进行一次安全考试

C. 电气化铁路相关作业人员考试合格后，方准参加作业

D. 临时指派到电气化铁路上工作的有关人员可以不参加电气化知识培训和考试

## 二、多项选择题

**1. 新时期安全领导力的基本内涵包括（　　）。**

A. 认识学习能力　　B. 举措能力

C. 管理能力　　D. 应急处理能力

**2. 下列属于新时期安全领导能力的基本要素的有（　　）。**

A. 政策规范　　B. 思想感召

C. 行为控制　　D. 系统提升

**3. 关于新时期安全领导能力的要求，下列说法正确的有（　　）。**

A. 安全生产已经成为广大干部职工的共同责任

B. 要求全员安全、全员实践

C. 通过制度的落实和完善，有效管控风险，及时消除事故隐患

D. 实现本质安全

**4. 关于新时期安全领导能力的体现，下列说法正确的有（　　）。**

A. 坚持中国共产党的领导

B. 树牢安全发展理念

C. 坚持“安全第一、预防为主、综合治理”的方针

D. 实行“三个必须”的原则

**5. 下列关于新时期要牢固树立安全发展理念的说法正确的有（　　）。**

A. 各级领导干部要牢固树立安全发展理念

B. 始终把人民群众生命安全放在第一位

C. 牢牢树立发展不能以牺牲人的生命为代价这个观念

D. 坚持安全为主、预防为先、治理为上

**6. 下列关于我国安全生产的方针的说法正确的有（　　）。**

A. 安全第一　　B. 预防为主

C. 综合治理　　D. 全员管理

**7. 下列属于铁路运输企业通用安全生产红线的有（　　）。**

A. 违反 LKJ、ATP 数据管理规定，错装、漏装 LKJ、ATP 数据

B. 班后饮酒

C. 机车乘务员擅自关闭或切除行车安全装备

D. 无资质人员驾驶机车

**8. 下列属于车辆系统安全生产红线的有（　　）。**

A. 动车组定检过期却上线使用

B. 车辆乘务员对危及行车安全的车辆故障不按规定进行应急处置，盲目带车

C. 对货车安全监测设备预报的信息，作业人员未按规定处置

D. 货车定检过期却上线使用

**9. 下列属于机车系统安全生产红线的有（　　）。**

A. 代客货运机车超检修周期上线使用

B. 不执行“运输调度集中统一指挥、行车单一指挥”

C. 列车运行中，机车制动系统发生故障，自行处理后运行

D. 正常停车后，机车乘务员不按规定报告车站值班员

**10. 下列不属于供电系统安全生产红线的有（　　）。**

A. 未确认送电条件，错误送电

B. 接触网支柱侵入机车车辆限界

C. 接触网作业车行车安全装备不全上线运行

D. 接触网作业车司机班后饮酒

**11. 下列关于铁路运输安全红线管理要求的说法正确的有（　　）。**

A. 国铁集团及所属单位应将防止碰触安全生产红线的措施纳入相关岗位的作业标准

B. 加强安全生产警示教育和安全生产法治教育

C. 增强全员的红线意识和底线思维

D. 要从人防、物防、技防等多个方面持续完善防止碰触安全生产红线的保障措施

**12. 下列关于铁路建设施工安全生产红线的说法正确的有（　　）。**

A. 铁路建设施工的安全生产红线，分 A 类和 B 类分别管理

B. A 类安全生产红线是指事故隐患

C. A 类安全生产红线是指严重事故隐患或险情

D. B 类安全生产红线是指一般事故隐患

**13. 自轮运转设备上道时要做的“三项准备”包含（　　）。**

A. 防护用品性能良好　　B. 无线列车调度电话性能良好

C. 机车信号性能良好　　D. 运行监控装置性能良好

**14. 下列属于铁路营业线施工 A 类红线的有（　　）。**

A. 施工单位未按规定设置驻站联络员和现场防护员

B. 大型机械邻近既有线施工未做到一机一人专职防护，来车时未提前停止作业

C. 自轮运转设备上道未做到“三项设备”性能良好

D. 作业人员未穿戴安全劳动防护用品

**15. 下列属于铁路隧道施工安全生产 B 类红线的有（　　）。**

A. 火工品存储、运输及使用等环节存在严重管理漏洞

B. 临时设施未避开不良地质处所，不符合防洪、防火、防雷、防风和安全健康以及环境保护要求

C. 开工报告未经审核批准擅自开工，施工前未向施工人员交底

D. 隧道工程施工现场作业环境恶劣，通风和照明条件不足

**16. 下列不属于铁路移动模架施工安全生产 B 类红线的有（　　）。**

A. 千斤顶工作不平稳，系统打开后左、右不对称，行走速度不均匀

B. 未采取有效措施防止对前支腿墩柱产生过大力矩

C. 未实行脚手架搭设验收和使用检查制度，防护栏杆未绑扎牢固，发现问题未及时处理

D. 混凝土钢筋—预应力张拉区无明显标志，构件两端站人

**17. 下列不属于铁路运架梁施工安全生产 A 类红线的有（　　）。**

A. 在运梁过程中，提梁、移梁、落梁等关键步骤，项目部（工区）安全生产管理人员未在施工现场进行把关

B. 架桥机架梁作业时，未确保抗倾覆稳定系数小于 1.3

C. 运架梁施工时，存在暴雨天气作业等情况

D. 架桥机在高压输电线路下架桥作业时，高压输电线路距架桥机的最小安全距离不满足规定的要求

**18.《企业安全生产标准化基本规范》（GB/T 33000—2016）对企业安全生产标准化的定义为：企业通过落实安全生产主体责任，全员全过程参与，建立并保持安全生产管理体系，全面管控生产经营活动各环节的（　　）工作，实现安全健康管理系统化、岗位操作行为规范化、设备设施本质安全化、作业环境器具定置化，并持续改进。**

A. 安全生产　　B. 职业卫生

C. 风险管控　　D. 隐患治理

**19.《国家铁路局关于推进铁路企业安全生产标准化建设工作的通知》要求将企业（　　）和所有相关方，纳入安全生产标准化建设。**

A. 全部管理层级　　B. 各类作业工种

C. 各项经营业务　　D. 运输安全管理

**20. 下列属于铁路安全生产标准化建设实施程序的有（　　）。**

A. 企业安全生产标准化达标自评　　B. 企业安全生产标准化达标评定

C. 企业安全生产标准化达标评审　　D. 评定结果公开

**21. 铁路安全生产标准化等级为（　　）。**

A. 合格　　B. 良好

C. 优秀　　D. 不合格

**22. 住房城乡建设主管部门或其委托的建筑施工安全监督机构负责建筑施工安全生产标准化考评工作，标准化等级分为（　　）。**

A. 优秀　　B. 优良

C. 合格　　D. 不合格

**23. 下列属于安全风险分级管控的流程环节的有（　　）。**

A. 风险辨识　　B. 管控

C. 整治　　D. 等级调整与变更

**24. 以下关于隐患处理的说法正确的有（　　）。**

A. 重大隐患治理完成后，由单位主要负责人组织专项验收，验收通过后向铁路监管部门报告，申请销号

B. 重大隐患治理验收后，应对重大隐患形成原因及治理工作进行分析评估，及时完善相关制度和措施，开展有针对性的培训教育

C. 一般隐患完成治理后，由铁路单位负责人或其派出机构负责人、安全生产管理人员组织验收，出具整改验收结论，并由验收主要负责人签字确认

D. 一般隐患由班组长按照职责分工，及时组织治理消除，未治理消除前应当制定可靠的安全控制和防范措施

**25. 隐患排查方式主要有（　　）。**

A. 日常排查　　B. 定期排查

C. 专项排查　　D. 全面排查

**26. 关于安全生产责任制，下列说法正确的有（　　）。**

A. 安全生产责任制是我国安全生产方针的具体体现

B. 是企业安全生产制度体系的“母制度”

C. 是企业安全生产、劳动保护管理制度的核心

D. 也是企业安全生产工作落实最基本和最有效的“规矩”

**27. 关于企业安全生产责任制总体原则，下列说法正确的有（　　）。**

A. 管行业必须管安全　　B. 管业务必须管安全

C. 管生产经营必须管安全　　D. 谁主管谁负责

**28. 关于企业安全生产责任制，下列说法正确的有（　　）。**

A. 生产经营单位作为安全生产的责任主体，必须建立全员安全生产责任制

B. 企业要将全员安全生产责任制教育培训工作纳入安全生产年度计划，可通过自行组织或委托机构等方式有效实施

C. 企业安全生产责任制要做到全员参与、全员宣贯、全员落实

D. 从业人员的安全生产责任制要在企业醒目位置长期悬挂和张贴公示

**29. 所有企业必须认真履行安全生产主体责任，切实做到五落实五到位。下列关于五落实五到位说法正确的有（　　）。**

A. 必须落实安全生产“党政同责”“一岗双责”要求

B. 必须落实安全生产组织领导机构

C. 必须落实安全管理力量

D. 必须做到安全责任到位、安全投入到位、安全培训到位、安全管理到位、应急救援到位

**30. 安全生产责任制的主体包括（　　）。**

A. 各级负责生产和经营的管理人员　　B. 各职能部门的人员

C. 所有的从业人员　　D. 不包括劳务派遣人员、实习学生

**31. 所有企业必须认真履行安全生产主体责任，坚持（　　）的安全生产责任体系。**

A. 失职追责　　B. 党政同责

C. 一岗双责　　D. 齐抓共管

**32. 关于强化安全生产责任追究，下列说法正确的有（　　）。**

A. 强化安全生产责任追究，坚持把安全生产纳入企业经营业绩考核

B. 铁路企业要制定严格的事故责任追究办法，加大对各层级安全责任的考核和问责力度

C. 各铁路企业依据本单位安全生产全过程责任追溯制度，按照人员管理权限，逐级开展安全生产全过程责任追溯

D. 发生影响铁路运输生产安全的事故隐患，依据干部履职考核评价制度，进行追溯问责或考核

**33. 关于安全生产全过程责任追溯，下列说法正确的有（　　）。**

A. 安全生产全过程责任追溯只适用于各级管理人员

B. 安全生产全过程责任追溯，主要对象为事故、行车设备故障和重大安全隐患的管控责任人

C. 依据相关规定，应严肃追究事故安全责任，同时应根据行车设备故障考核办法，对相关人员进行责任考核

D. 针对事故、行车设备故障和重大事故隐患的原因，根据部门安全生产责任制，逆向追溯相关人员的安全生产履责情况

**34. 下列关于开展安全生产全过程责任追溯，进行重点环节全过程倒查的说法，正确的有（　　）。**

A. 生产经营过程按章指挥、按标作业，执行规章制度、作业纪律、劳动纪律等相关规定

B. 安全生产和职业健康工作决策、部署、指挥符合相关程序规定

C. 核实安全生产费用按规定提取和使用

D. 落实从业人员安全生产教育和职业技能培训制度

**35. 关于安全文化的基本内涵，下列说法正确的有（　　）。**

A. 安全文化是企业安全工作的灵魂

B. 企业安全文化是同企业目标一致的安全理念与价值取向及其实践的总和

C. 实施安全文化工程，坚持“以安全塑文化、用文化保安全”的原则

D. 安全文化是企业全体员工对安全工作集体形成的一种共识

**36. 关于安全与发展，下列说法正确的有（　　）。**

A. 发展必须把人的生命安全放在首位

B. 安全促进发展，发展必须安全

C. 不允许“带血的代价”存在

D. 没有安全，也就谈不上生存，更没有发展

**37. 关于教育培训措施，下列说法正确的有（　　）。**

A. 坚持“安全第一，预防为主，综合治理”方针

B. 提高用人单位和职工工伤预防意识

C. 普及安全生产和工伤保险知识

D. 增强职工的工伤预防能力，减少和避免工伤事故和职业病的发生

**38. 关于教育培训管理，下列说法正确的有（　　）。**

A. 生产经营单位要严格按照岗位准入标准和职业技能培训规范要求，落实资格性培训制度

B. 生产经营单位安全生产教育培训应包括安全生产和职业卫生的内容

C. 生产经营单位应建立安全生产教育培训档案和从业人员个人安全教育培训档案

D. 生产经营单位使用被派遣劳动者的，不应将被派遣劳动者纳入本单位从业人员统一管理

**39. 关于班前安全教育，下列说法正确的有（　　）。**

A. 严格执行班组工序交接班制度

B. 作业班组每日上班开始工作前，由班组长负责进行班前安全讲话

C. 结合当天工作任务，应学习、抽考相关安全规程的有关条款和相关安全知识

D. 将班前会情况记入班组安全生产日志

**40. 关于铁路施工现场班前安全教育，下列说法正确的有（　　）。**

A. 每天上班前，各作业班组长必须对本班组职工进行全面而又有针对性的安全教育活动

B. 项目部班前安全活动必须有书面记录，由项目安全员签字确认

C. 施工机械、机具，在投入正常运行前，必须进行检查

D. 凡班前酗酒者，一律不准进入施工现场；凡是不具备上岗作业条件者，经班前教育后可以上岗作业

## 三、判断题

**1**. 安全生产管理是指对安全生产工作进行的管理和控制。（　　）

**2**. 安全生产工作实行管行业必须管安全、管业务必须管安全、管生产经营必须管安全的“三管三必须”原则。（　　）

**3**. 安全生产工作要坚持党的领导。（　　）

**4**. 生产经营单位主管生产的负责人是本单位安全生产第一责任人。（　　）

**5**. 做好安全生产工作就要建立健全最严格的安全生产责任体系。（　　）

**6**. 职工代表大会依法对安全生产工作进行监督。（　　）

**7**. 做好安全生产工作就必须强化依法治理安全生产。（　　）

**8**. 做好安全生产工作就必须加强安全生产源头治理。

（　　）

**9**. 必须完善安全生产应急救援体系，最大限度减少人员伤亡和财产损失。

（　　）

**10**. 对安全生产必须警钟长鸣、常抓不懈。

（　　）

**11**. 新时期要一以贯之，树牢安全发展理念。

（　　）

**12**. 班前、班后饮酒，属于铁路运输企业通用安全生产红线。

（　　）

**13**. 动车组、客车定检过期上线使用，属于车辆系统安全生产红线。

（　　）

**14**. 普速铁路作业后遗留工机具，属于工务、房建系统安全生产红线。

（　　）

**15**. 接触网作业车司机未按规定确认信号、未按标准执行车机联控行车制度，属于供电系统安全生产红线。

（　　）

**16**. 站台作业车辆掉入股道，属于客运系统安全生产红线。

（　　）

**17**. 铁路运输安全生产红线管理要求，鼓励自查自纠，对所属单位和部门自查发现的碰触安全红线问题，可对相关管理人员减轻处理，但不能免于责任追究。

（　　）

**18**. 铁路运输企业安全生产红线管理相关责任追究规定，依法履行企业民主管理程序后，纳入企业管理规章制度，并公示或告知职工，对涉及解除劳动合同的有关内容要写入劳动合同。

（　　）

**19**. 未制定并严格执行营业线、隧道、移动模架及运架梁施工相关安全生产管理办法，未建立健全施工安全生产责任制度和责任追究制度，属于铁路建设安全生产红线。

（　　）

**20.** 靠近既有线的材料、机具未按规定堆放，造成侵限，属于铁路营业线施工安全生产 B 类红线。

( )

**21.** 既有线进行基坑、土方、管道、电缆沟开挖时，没有设备管理人员配合、监督，无防护措施，属于铁路营业线施工安全生产 A 类红线。

( )

**22.** 隧道洞门工程、边坡存在事故隐患，属于铁路隧道施工安全生产 A 类红线。

( )

**23.** 夜间作业未设置充足的照明，属于铁路移动模架施工安全生产 A 类红线。

( )

**24.**《铁路运输企业安全生产标准化基本规范》（尚在编制中）提出的要素包括双重预防机制建设、铁路沿线安全环境治理等内容。

( )

**25.** 根据要求，工程项目在项目施工过程中每月主要依据《建筑施工安全检查标准》等开展安全生产标准化自评工作。

( )

**26.** 根据相关规定，建筑项目施工现场安全生产标准化自评工作内容，分保证项目和一般项目。

( )

**27.** 住房城乡建设部印发的《建筑施工安全生产标准化考评暂行办法》要求，建筑施工企业每半年主要依据《施工企业安全生产评价标准》等开展企业安全生产标准化自评工作。

( )

**28.** 隐患排查重点为规章制度、技术标准、生产组织、作业行为、设备状态、外部环境、季节性特点、恶劣天气、自然灾害和应急处置等方面。

( )

**29.** 安全风险管控和隐患排查治理机制建设属于铁路单位安全管理部门的职责，与其他人无关。

( )

**30**. 从业人员发现事故隐患或者其他不安全因素，应立即向现场安全生产管理人员或者列车调度员、车站值班员报告，接到报告的人员经判断后再向主要负责人报告。

（　　）

**31**. 安全生产责任制是企业安全生产制度体系的“母制度”，也是企业安全生产工作落实最基本和最有效的“规矩”。

（　　）

**32**. 贯彻好安全生产责任制，实现“全员、全方位、全过程、全时段”的安全管理，促进安全生产有序可控。

（　　）

**33**. 安全生产全过程责任追溯制度特别是针对那些涉及事故、行车设备故障和重大安全隐患的管控责任人。

（　　）

**34**. 铁路行业落实全员安全生产责任制，建立完善了以领导负责、分工负责、专业负责、岗位负责为主要内容的安全生产逐级负责制。

（　　）

**35**. 生产经营单位应当对从业人员进行安全生产教育和培训，未经安全生产教育和培训合格的从业人员，不得上岗作业。

（　　）

**36**. 生产经营单位使用被派遣劳动者的，生产经营单位应当将被派遣劳动者纳入本单位从业人员统一管理。

（　　）

**37**. 生产经营单位接收中等职业学校、高等学校学生实习的，应当对实习学生进行相应的安全生产教育和培训，提供必要的劳动防护用品。

（　　）

**38**. 从事运输单位的主要负责人和安全生产管理人员，应当由主管的负有安全生产监督管理职责的部门对其安全生产知识和管理能力考核合格。考核可以收费。

（　　）

**39**. 生产经营单位的主要负责人和安全生产管理人员必须具备与本单位所从事的生产经营活动相应的安全生产知识和管理能力。

（　　）

**40**. 有关生产经营单位应当按照规定提取和使用安全生产费用，可以用于改善生活条件。

（　　）

**41**. 铁路运输企业应当加强铁路专业技术岗位和主要行车工种岗位从业人员的业务培训和安全培训，提高从业人员的业务技能和安全意识。

（　　）

**42**. 从事铁路建设、运输、设备制造维修的单位应当建立健全安全生产管理制度，落实企业安全生产主体责任。

（　　）

**43**. 铁路机车车辆的驾驶人员应当参加国务院铁路行业监督管理部门组织的考试，考试合格方可上岗。

（　　）

**44**. 我国铁路各工作岗位实行严格的准入制度。

（　　）

**45**. 对所有铁路运输企业从业人员，每年组织不少于 8 学时的劳动安全培训，考试不合格者不准上岗。

（　　）

**46**. 在企业内部要开展职工“三级”“四新”安全教育，“四新”人员经过培训方可单独上岗操作。

（　　）

**47**. 在新工艺、新技术、新材料或使用设备设施时，企业应对有关从业人员进行专门的安全生产培训。

（　　）

**48**. 从业人员在企业内部调整工作岗位或离岗一年以上重新上岗时，应重新进行车间（工段、区、队）和班组级的安全培训。

（　　）

**49**. 从事特种作业的人员应按照有关规定，经专门安全作业培训，考核合格，取得相应资格后，方可上岗作业。

( )

**50**. 企业专职应急救援人员应按照有关规定，经专门应急救援培训，考核合格后，方可上岗，并定期参加复训。

( )

**51**. 铁路安全培训措施主要是涉及岗位培训，包括岗前资格性培训和适应性培训。

( )

**52**. 生产经营单位应当进行安全培训的从业人员包括主要负责人、安全生产管理人员、特种作业人员和其他从业人员。

( )

**53**. 铁路从业人员须完成岗前资格性培训，考核合格后方可正式上岗。新职人员须参加单位、车间、班组三级安全培训。

( )

**54**. 外来人员进入作业现场前，应由作业现场所在单位对其进行安全教育培训，并保存记录。

( )

**55**. 创建安全文化是安全领域衡量对错、好坏的最基本道德标准，是安全文化建设的关键环节和核心要素。

( )

## 参考答案与解析

### 一、单项选择题

1.【参考答案】A

【解析】新时期安全领导能力要求，各级党委和政府、各级领导干部要牢固树立安全发展理念，始终把人民群众生命安全放在第一位，牢牢树立发展不能以牺牲人的生命为代价这个观念。必须将这作为一条不可逾越的红线。故选 A。

2.【参考答案】D

【解析】新时期安全领导能力要求，要加大安全监管监察力度。要加快完善安全生产管理体制，强化安全监管部门综合监管责任，严格落实行业主管部门监管责任、地方党委和政府属地管理责任，加强基层安全监管执法队伍建设，制定权力清单和责任清单，督促落实到位。故选D。

3.【参考答案】D

【解析】新时期安全领导能力的体现，要一以贯之地树牢安全发展理念，坚持贯彻以人民为中心的发展思想，始终把保护人民生命安全放在首位，正确处理安全与发展的关系。故选D。

4.【参考答案】D

【解析】新时期安全领导能力的体现，做好安全生产工作就必须强化依法治理安全生产。习近平总书记指出：“必须强化依法治理，用法治思维和法治手段解决安全生产问题，加快安全生产相关法律法规制定修订，加强安全生产监管执法，强化基层监管力量，着力提高安全生产法治化水平。”故选D。

5.【参考答案】D

【解析】铁路运输企业安全生产红线管理制度规定，铁路通用安全红线有：班前、班中饮酒；无资质人员或擅自交由无资质人员驾驶机车、动车组；违反LKJ、ATP数据管理规定，错装、漏装LKJ、ATP数据；擅自关闭或切除行车安全装备，自轮运转设备运行途中擅自关闭运行控制设备或列车无线调度通信设备、解除监控装置功能。D项不属于铁路运输企业通用安全生产红线。故选D。

6.【参考答案】D

【解析】铁路运输企业安全生产红线管理制度规定，铁路车务、调度系统安全生产红线有：在正线、到发线或与正线、到发线衔接没有隔开设备或脱轨器的线路上停留机车车辆时，未按规定采取防溜措施；接发列车时，在与接发列车进路没有隔开设备或在脱轨器的线路上，向进入接发列车进路的方向调车作业；在CTC区段，列车调度员办理列车经由轨道电路分路不良区段的作业时，准备进路前未确认该进路上分路不良区段空闲；在接到危及行车安全的险情报告时，列车调度员违章盲目放行列车，D项说法错误。故选D。

7.【参考答案】D

【解析】铁路运输企业安全生产红线管理制度规定，动车组、客车定检过期上线使用；车辆乘务员、随车机械师在发现危及行车安全的车辆故障时，没有按规定进行应急处置，盲目带车；对货车安全监测设备预报的信息，作业人员未按规定处置。以上是铁路车辆系统安全生产红线。D 项不属于车辆系统安全生产红线。故选 D。

8.【参考答案】D

【解析】铁路运输企业安全生产红线管理制度规定，客运机车、代客货运机车超检修周期上线使用；机车乘务员值乘运行中睡觉；机车乘务员值乘中违章离开司机室，造成司机室无人值守；不执行“运输调度集中统一指挥、行车单一指挥”；列车运行中机车制动系统、走行部发生故障，未按规定处置而盲目运行。以上是铁路机车系统安全生产红线。D 项不属于机车系统安全生产红线范围。故选 D。

9.【参考答案】D

【解析】铁路运输企业安全生产红线管理制度规定，不设防护上道作业；高速铁路作业后遗留工机具；防护员漏报、错报本线列车；在有限空间作业时，未严格执行“先通风、再检测、后作业”规定。以上是铁路工务、房建系统安全生产红线。D 项不属于铁路工务、房建系统安全生产红线范围。故选 D。

10.【参考答案】D

【解析】铁路运输企业安全生产红线管理制度规定，在施工、检修、故障处理等各项作业中，违章使用封连线；未按照规定程序，违章拆、改、配线；违章简化联锁试验程序，联锁试验不彻底；未按照规定，违章上道作业。以上是铁路电务系统安全生产红线。D 项不属于电务系统安全生产红线范围。故选 D。

11.【参考答案】D

【解析】铁路运输企业安全生产红线管理制度规定，未确认停、送电条件，错误停、送电；接触网支柱、隧道吊柱侵入机车车辆限界；接触网作业车行车安全装备不全上线运行，或运行途中擅自关闭、解除监控装置功能；接触网作业车司机未按规定确认信号、未按标准执行车机联控行车；接触网作业车未按规定设置或撤除防溜装置。以上是铁路供电系统安全生产红线。D 项不属于供电系统生产红线范围。故选 D。

12.【参考答案】D

【解析】铁路运输企业安全生产红线管理制度规定，漏传、错传调度命令或错误执行调度命令；站台作业车辆掉入股道；擅自在临时停车时组织乘降；看车人员在车内抽烟、使用明火。以上是铁路客运系统安全生产红线。D 项不属于客运系统安全生产红线范围。故选 D。

13.【参考答案】D

【解析】铁路运输企业安全生产红线管理制度规定，货物发生旋转或开放造成超限，卷钢等发生滚动；非危险货物办理站办理危险货物承运手续。以上是铁路货运作业安全生产红线。D 项不属于货运作业安全生产红线范围。故选 D。

14.【参考答案】D

【解析】按照铁路运输安全生产红线管理要求，国铁集团及所属单位应将防止碰触安全生产红线的措施纳入相关岗位的作业标准和操作规程中，要从人防、物防、技防等多个方面持续完善防止碰触安全红线的保障措施；鼓励自查自纠，对所属单位和部门自查发现的碰触安全红线问题，可依据相关规定对相关管理人员从轻或减轻处理，甚至免予责任追究。对连续被上级检查发现碰触安全红线问题的单位和部门，要严肃剖析问题原因，并组织重点促改措施；相关责任追究规定应依法履行企业民主管理程序，经审议通过后，纳入企业管理规章制度，并在企业内部公示或以其他方式告知全体职工，对涉及解除劳动合同的有关内容要依法写入劳动合同中。A、B、C 项说法正确。碰触安全生产红线的人员至少在规定期限内（如 3 个月）不得从事本岗位或其他涉及铁路运输安全生产的其他关键岗位，同时，应对相关管理人员进行严肃追责。D 项说法错误。故选 D。

15.【参考答案】D

【解析】按照铁路运输安全生产红线管理要求，国铁集团及所属单位应将防止碰触安全生产红线的措施纳入相关岗位标准，要从人防、物防、技防等多个方面持续完善防止碰触安全生产红线的保障措施；对于碰触安全生产红线的人员，严格执行安全生产责任制度，至少在规定期限内不得从事本岗位或其他涉及铁路运输安全生产的其他关键岗位，同时，应对相关管理人员进行严肃追责。故选 D。

16.【参考答案】D

【解析】按照铁路建设施工安全生产红线管理要求，未按照相关要求对设计、施工和监理单位进行资质审查，未审查施工、监理单位的安全生产投入和主要管理人员是否满足投标承诺和有关规定；未制定并严格执行营业线、隧道、移动模架及运架梁施工相关安全生产管理办法，未建立健全施工安全责任制度和责任追究制度；未组织施工图审查、技术交底和审批开工报告；未组织对重大或专项施工方案进行审查……D 项不属于铁路建设施工安全生产红线。故选 D。

17.【参考答案】A

【解析】按照铁路营业线施工安全生产红线要求，未与运营单位签订有效的安全协议，属于铁路营业线施工安全生产 A 类红线。施工组织方案没有专项安全措施和应急预案内容；施工准备不充分或准备过头，劳务工没有在正式职工的带领下上道作业，属于铁路营业线施工安全生产 B 类红线。故选 A。

18.【参考答案】D

【解析】按照铁路营业线施工安全生产红线要求，未与运营单位签订有效的安全协议，无路局施工计划或超计划施工，施工项目负责人未按规定到现场把关，属于 A 类红线。D 项，属于铁路营业线施工 B 类红线。故选 D。

19.【参考答案】A

【解析】未规范编制应急预案，未开展应急培训和演练属于铁路隧道施工安全生产 A 类红线。国家规定的特种作业人员，未经专业培训和考核合格取得操作证后上岗；专职安全人员不到位或未按规定履行职责；洞内堆放易燃物品属于铁路隧道施工安全生产 B 类红线。故选 A。

20.【参考答案】D

【解析】没有制定并实施超前地质预报实施细则；擅自变更隧道施工方案、变更审批手续不规范、安全防范措施不到位；隧道地质情况与设计不符，未及时提请设计变更继续进行施工，属于铁路隧道施工安全生产 A 类红线。用电设备未实行“一机一闸一漏一保护”，严禁用一个开关直接控制两台及以上的用电设备，属于铁路隧道施工 B 类红线。故选 D。

21.【参考答案】A

【解析】在移动模架横移、纵移过程中，未设专人监视系统的平衡状态，属于铁路移动模架施工安全生产 A 类红线。特殊工种未经过安全培训，未持证上岗作业；操作人员擅自离开工作岗位或将机械交给其他无证人员操作；机械上的各种安全防护装置未做到完好齐全，属于铁路移动模架施工安全生产 B 类红线。故选 A。

22.【参考答案】A

【解析】运架梁施工中，各型架桥机及配套设备在出厂前、进场后未办理施工许可，未取得使用许可证，属于铁路运架梁施工安全生产 A 类红线。架桥机在高压输电线路下架桥作业时，高压输电线路距架桥机的最小安全距离不满足规定的要求；运梁车在高压输电线下运行，以及运梁车走行经过的桥涵和路基、便道等其他工况，不满足运架梁荷载安全要求；运架梁施工时，存在超速作业、夜间施工、五级及以上大风（暴雨）天气作业等情况，属于铁路运架梁施工安全生产 B 类红线。故选 A。

23.【参考答案】D

【解析】在建设过程中要执行“五定、三统一、一负责”（“五定”是指定人、定期、定岗、定责、定点；“三统一”是指统一部署、统一记录、统一分析；“一负责”是指首查负责制）等日常检查制度。D 项错误。故选 D。

24.【参考答案】B

【解析】2004 年 1 月，《国务院关于进一步加强安全生产工作的决定》提出，在全国所有工矿、商贸、交通运输、建筑施工等企业普遍开展安全质量标准化活动。这是安全生产标准化雏形。故选 B。

25.【参考答案】A

【解析】2021 年 6 月，《中华人民共和国安全生产法》进行第三次修正，将开展安全生产标准化建设列为生产经营单位的法定责任，要求生产经营单位加强安全生产标准化建设。安全生产标准化建设在法律的助推下更加普及和规范。故选 A。

26.【参考答案】B

【解析】铁道部《关于贯彻国务院进一步加强企业安全生产工作通知的实施意见》中明确要求，突出强化高铁安全管理、安全基础建设。此后，铁路系统积极推行了以标准化、规范化和安全风险管理为核心的安全生产标准化工作。故选 B。

27.【参考答案】B

【解析】2022 年 6 月，国家铁路局印发了《国家铁路局关于推进铁路企业安全生产标准化建设工作的通知》，要求将企业全部管理层级、各类作业工种、各项经营业务和所有相关方，以及生产经营活动全流程、各环节纳入安全生产标准化建设。铁路行业安全生产标准化建设全面开启了新的征程。故选 B。

28.【参考答案】A

【解析】《企业安全生产标准化基本规范》（GB/T 33000—2016）对企业安全生产标准化的定义为：企业通过落实安全生产主体责任，全员全过程参与，建立并保持安全生产管理体系，全面管控生产经营活动各环节的安全生产与职业卫生工作，实现安全健康管理系统化、岗位操作行为规范化、设备设施本质安全化、作业环境器具定置化，并持续改进。故选 A。

29.【参考答案】B

【解析】2021 年 10 月，应急管理部印发的《企业安全生产标准化建设定级办法》指出，企业标准化等级由高到低分为一级、二级、三级；企业标准化定级按照自评、申请、评审、公示、公告的程序进行。故选 B。

30.【参考答案】B

【解析】《国家铁路局关于推进铁路安全生产标准化建设工作的通知》中要求，建立健全评定标准和考评体系并积极部署推进。这一程序包括企业安全生产标准化达标自评、企业安全生产标准化达标评定、企业安全生产标准化达标复核、评定结果公开。标准化等级仅“合格”或“不合格”。故选 B。

31.【参考答案】A

【解析】2017 年 4 月 1 日，国家标准化委员会发布了《企业安全生产标准化基本规范》（GB/T 33000—2016），突出了企业安全生产标准化建设系统化要求，提出 8 个一级要素和 28 个二级要素，要素逻辑结构更具系统性。故选 A。

32.【参考答案】C

【解析】2016 年 10 月，《国务院安委会办公室关于实施遏制重特大事故工作指南构建双重预防机制的意见》（安委办〔2016〕11 号）强调“构建安全风险分级管控和隐患排查治理双重预防机制，是遏制重特大事故的重要举措”。故选 C。

33.【参考答案】B

【解析】第三次修正的《中华人民共和国安全生产法》要求生产经营单位构建双重预防机制，健全风险防范化解机制，并在第九十七条以及第一百零一条至第一百零三条中对未将事故隐患排查治理情况如实记录或者未向从业人员通报的、未建立相关制度或者未采取相应措施的、重大事故隐患排查治理情况未按照规定报告的等有相应的罚款，构成犯罪的，依照刑法有关规定追究刑事责任。开展双重预防机制建设成为生产经营单位的法定责任。故选 B。

34.【参考答案】A

【解析】《铁路安全风险分级管控和隐患排查治理管理办法》（国铁安监规

〔2023〕9号）规定，风险等级一般从高到低划分为重大风险、较大风险、一般风险、低风险四个等级。故选A。

35.【参考答案】C

【解析】危险源是指可能导致人身伤害、健康损害、财产损失、环境影响的根源、状态或行为，或它们的组合。危险源包括但不限于人的行为、物的状态、环境因素和管理因素。C项属于物的状态，不属于人的行为。故选C。

36.【参考答案】C

【解析】《铁路安全风险分级管控和隐患排查治理管理办法》（国铁安监规〔2023〕9号）规定，风险等级一般从高到低划分为重大风险、较大风险、一般风险、低风险四个等级，分别用红、橙、黄、蓝四种颜色标示。较大风险对应橙色。故选C。

37.【参考答案】D

【解析】作业危害分析（JHA）是指从作业活动清单中选定一项作业活动，将作业活动分解为若干个相连的工作步骤，识别每个工作步骤的潜在危险有害因素，然后通过风险评价判定风险等级，制定控制措施。作业危害分析法主要用于在每项作业开始前，识别工作过程中可能存在的危险有害因素。故选D。

38.【参考答案】A

【解析】重大风险由主要负责人组织制定管控措施，健全人防、物防、技防手段，实时动态监测预警和风险降低工作制度等。重大风险的登记、预警和等级调整等须经单位主要负责人组织评估，相关信息按照管辖原则应及时报告相关部门。故选A。

39.【参考答案】B

【解析】铁路单位风险辨识分为全面辨识和专项辨识。全面辨识每年开展一次，新建、改建铁路建设工程投入运营前，应组织开展全面辨识。遇有下列情况时，铁路单位应开展专项风险辨识：法律法规规章、标准、管理制度等发生较大变化；新设备、新技术、新工艺、新材料等投入使用；技防措施、物防手段升级或变更；Ⅲ级以上营业线施工，以及在建铁路工程中特殊结构、复杂地质等危险性较大工程施工或关键作业施工前；季节变化或恶劣气象条件前；重要节假日等铁路运输高峰期或者重大活动前；发生典型事故、严重故障或安全事件等；人员、设备、工作程序、环境发生较大变化或运输生产组织发生较大调整；新建、改建危险货物装卸、储存作业场所和设施，在既有作业场所增加办理危险货物品类，以及危险货物新品名、新包装和首次使用铁路罐车、集装箱、专用车辆装载危险货物的；其他需要开展风险动态研判的情况。B 项属于全面辨识。故选 B。

40.【参考答案】A

【解析】铁路单位主要负责人对本单位双重预防机制建设全面负责，组织建立并落实双重预防机制，督促、检查本单位的安全生产工作，及时消除生产安全事故隐患。故选 A。

41.【参考答案】D

【解析】作业条件危险性评价法（LEC），是人们在具有潜在危险性环境中作业时的危险性半定量的评估方法，主要针对作业活动类风险评估。故选 D。

42.【参考答案】D

【解析】重大隐患治理完成后，由单位主要负责人组织专项验收，验收通过后向铁路监管部门报告，申请销号。未经铁路监管部门审查同意，铁路单位不得擅自改变隐患治理方案确定的安全措施和应急预案等。一般隐患完成治理后，由铁路单位负责人或其派出机构负责人、安全生产管理人员组织验收，出具整改验收结论，并由验收主要负责人签字确认。故选 D。

43.【参考答案】A

【解析】铁路单位应建立健全并落实隐患排查治理和建档监控等制度，明确隐患排查的责任部门和人员、排查范围、程序频次、统计分析、效果评价和评估改进等要求，逐级建立并落实隐患排查治理和考核制度，推动全员自主开展隐患排查，做到责任、措施、资金、时限、预案“五到位”，实现隐患排查、登记、评估、报告、监控、治理、销号的全过程记录和闭环管理。故选 A。

44.【参考答案】A

【解析】《企业安全生产责任体系五落实五到位规定》中要求，所有企业必须认真履行安全生产主体责任，必须做到五落实五到位。五到位就是必须做到安全责任到位、安全投入到位、安全培训到位、安全管理到位、应急救援到位。A 项说法错误。故选 A。

45.【参考答案】D

【解析】《关于全面加强企业全员安全生产责任制工作的通知》第二条第（四）项规定，加强企业全员安全生产责任制公示。企业要在适当位置对全员安全生产责任制进行长期公示。公示的内容主要包括：所有层级、所有岗位的安全生产责任、安全生产责任范围、安全生产责任考核标准等。D 项说法错误。故选 D。

46.【参考答案】D

【解析】安全生产全过程责任追溯制度适用于各级管理人员和生产作业人员，特别是针对那些涉及事故、行车设备故障和重大安全隐患的管控责任人。D 项说法错误。故选 D。

47.【参考答案】D

【解析】《中华人民共和国安全生产法》第二十八条第二款规定，生产经营单位使用被派遣劳动者的，应当将被派遣劳动者纳入本单位从业人员统一管理，对被派遣劳动者进行岗位安全操作规程和安全操作技能的教育和培训。劳务派遣单位应当对被派遣劳动者进行必要的安全生产教育和培训。对被派遣劳动者进行岗位安全操作规程和安全操作技能培训的主体是生产经营单位，D 项说法错误。故选 D。

48.【参考答案】D

【解析】《中华人民共和国安全生产法》第二十三条第一款规定，生产经营单位应当具备的安全生产条件所必需的资金投入，由生产经营单位的决策机构、主要负责人或者个人经营的投资人予以保证，并对由于安全生产所必需的资金投入不足导致的后果承担责任。D 项说法错误。故选 D。

49.【参考答案】D

【解析】《中华人民共和国安全生产法》第二十三条规定，生产经营单位应当具备的安全生产条件所必需的资金投入，由生产经营单位的决策机构、主要负责人或者个人经营的投资人予以保证，并对由于安全生产所必需的资金投入不足导致的后果承担责任。有关生产经营单位应当按照规定提取和使用安全生产费用，专门用于改善安全生产条件。安全生产费用在成本中据实列支。安全生产费用提取、使用和监督管理的具体办法由国务院财政部门会同国务院应急管理部门征求国务院有关部门意见后制定。D 项说法错误。故选 D。

50.【参考答案】D

【解析】根据《生产经营单位安全培训规定》，生产经营单位主要负责人和安全生产管理人员初次安全生产管理培训时间不得少于 32 学时，每年再培训时间不得少于 12 学时。故选 D。

51.【参考答案】C

【解析】根据《生产经营单位安全培训规定》，生产经营单位新上岗的从业人员，岗前安全生产培训时间不得少于 24 学时。故选 C。

52.【参考答案】D

【解析】在安全经济学上，预防性的投入产出比高于事故整改的产出比。研究数据显示，安全保障措施的预防性投入与事后整改的效果之比高达 1∶5。这一安全经济的基本定量规律是指导安全经济活动的重要基础。故选 D。

53.【参考答案】D

【解析】《中华人民共和国安全生产法》第二十八条第一款规定，生产经营单位应当对从业人员进行安全生产教育和培训，保证从业人员具备必要的安全生产知识，熟悉有关的安全生产规章制度和安全操作规程，掌握本岗位的安全操作技能，了解事故应急处理措施，知悉自身在安全生产方面的权利和义务。未经安全生产教育和培训合格的从业人员，不得上岗作业。D 项说法错误。故选 D。

54.【参考答案】D

【解析】对安全生产管理人员的教育培训要求，企业安全管理人员必须按照国家有关规定进行安全生产培训；所有单位安全管理人员每年应进行安全生产再培训；再培训的主要内容是新知识、新技术、新工艺、新装备和新案例。A、B、C 项正确。生产经营单位主要负责人和安全管理人员初次安全培训时间不得少于 32 学时，每年再培训时间不得少于 12 学时。D 项说法错误。故选 D。

55.【参考答案】D

【解析】铁路企业建立并实施师带徒跟班实作的培训形式，选取业务精湛、具有较高职业技能等级的高技能人才担任带教师傅，并与徒弟签订师徒合同，明确双方职责。师徒合同期间，师傅需严格按照师徒合同中规定的培训内容和学时对徒弟进行培训，严禁师徒分离，待师徒合同期满，会对徒弟进行实作技能考核以检验培训成果。对按期完成师徒合同培训任务的师傅，根据考核结果给予相应奖励。故选 D。

56.【参考答案】D

【解析】铁路从业人员须经岗前资格性培训考核合格后方可上岗。岗前资格性培训的学时和内容严格按照相关文件要求执行，一般包括入路教育、安全、专业理论与实作技能培训，确保其具备本岗位安全操作、应急处置等知识和技能。

D 项说法错误。故选 D。

57.【参考答案】C

【解析】从事特种作业、特种设备作业的人员上岗要求，经专门安全作业培训，考核合格，取得相应资格后，方可上岗作业，并定期接受复审。C 项说法错误。故选 C。

58.【参考答案】A

【解析】铁路从业人员要进行岗前适应性培训，对铁路主要岗位及高速铁路主要行车工种岗位，实行定期考核鉴定制度。按照岗位标准规定，定期对在岗人员进行技能鉴定，鉴定不合格者应接受脱产培训，并在三个月内再次接受鉴定。再次鉴定仍不合格者，须调整工作岗位。未参加鉴定者，不得继续上岗。故选 A。

59.【参考答案】D

【解析】新上岗、转岗、提职职工必须进行三级安全教育，经培训考试合格后，方准上岗单独作业；行车、特种作业人员，机械设备、工具操作人员，须经专业安全技术培训考试合格后，方准持证上岗；作业中必须按规定着装、佩戴防护用品和正确使用防护用具，严格执行安全技术操作规程。学徒工、实习人员、干部在参加劳动、学习期间，不准单独顶岗，D 项说法错误。故选 D。

60.【参考答案】D

【解析】《电气化铁路有关人员电气安全规则》规定，电气化铁路沿线路内外各单位需组织学习本规则。电气化铁路相关作业人员每年至少进行一次安全考试，考试合格后，方准参加作业。临时指派到电气化铁路上工作的有关人员也同样应参加电气化知识培训和考试。D 项说法错误。故选 D。

## 二、多项选择题

1.【参考答案】ABCD

【解析】安全领导力是指领导者在其管辖范围内，有效利用资源，带领团队实现最佳安全效益的能力。新时期安全领导力的基本内涵，主要体现为：认识能力，对安全生产本质的认识和把握不断提高的能力。学习能力，及时主动了解安全生产形势，学习相关法律、法规、行业规章、企业制度，掌握核心意义，在工作中认真落实的能力。举措能力，结合单位和行业特点，熟悉安全生产体系、人员特点、环境特色，熟悉相关事故教训案例，有效防控安全事故，稳定安全生产局面的能力。管理能力，结合单位实际，落实安全生产责任制，担起主体责任，整合人、机、料、技、环资源，调动一切积极因素，实现本质安全的能力。应急处理能力，对突发事件，第一时间报告，第一时间正确处置，防止次生灾害，将损失控制在最小的能力。故选 ABCD。

2.【参考答案】ABCD

【解析】新时期安全领导能力的五个基本要素，主要体现在：政策规范，以习近平总书记关于安全生产工作的指示和要求为遵循，以国家法律法规为根本，制定安全生产管理制度，形成健全的安全生产管理体系。制度落实，完善并严格执行安全生产制度，确保本质安全落到实处。思想感召，以人为本、安全至上、重视宣教，强化安全文化，使“我要安全”理念深入人心。行为控制，推进作业标准化，消除事故隐患，加强案例教育，实现行为自律。系统提升，全员参与、持续培训、优化并有效执行制度、不断提升安全领导能力。故选 ABCD。

3.【参考答案】ABCD

【解析】新时期安全领导能力的要求，主要体现在：党的十八大以来，以习近平同志为核心的党中央高度重视安全生产，致力于建设健康中国、平安中国。安全生产已经成为广大干部职工的共同责任，要求全员安全、全员实践，积极贯彻落实安全生产法律法规，强调领导带头、长期坚持、系统推进。通过制度的不断落实和完善，有效管控风险，及时消除事故隐患，确保安全局面稳定，以实现本质安全。故选 ABCD。

4.【参考答案】ABCD

【解析】新时期安全领导能力的体现，安全生产工作坚持中国共产党的领导，坚持以人为本，坚持人民至上、生命至上，树牢安全发展理念，坚持“安全第一、预防为主、综合治理”的方针，实行“三个必须”的原则，以人为本，把保护人民生命安全摆在首位。故选 ABCD。

5.【参考答案】ABC

【解析】安全生产要牢固树立安全发展理念。习近平总书记强调，各级党委和政府、各级领导干部要牢固树立安全发展理念，始终把人民群众生命安全放在第一位，牢牢树立发展不能以牺牲人的生命为代价这个观念。这个观念一定要非常明确、非常强烈、非常坚定。故选 ABC。

6.【参考答案】ABC

【解析】《中华人民共和国安全生产法》第三条第一款、第二款规定，安全生产工作坚持中国共产党的领导。安全生产工作应当以人为本，坚持人民至上、生命至上，把保护人民生命安全摆在首位，树牢安全发展理念，坚持安全第一、预防为主、综合治理的方针，从源头上防范化解重大安全风险。故选 ABC。

7.【参考答案】ACD

【解析】铁路运输安全生产红线管理制度规定，铁路运输通用安全生产红线有：班前、班中饮酒；无资质人员或擅自交由无资质人员驾驶机车、动车组；违反 LKJ、ATP 数据管理规定，错装、漏装 LKJ、ATP 数据；机车乘务员擅自关闭或切除行车安全装备，自轮运转设备运行途中擅自关闭运行控制设备或列车无线调度通信设备、解除监控装置功能。故选 ACD。

8.【参考答案】ABC

【解析】铁路运输企业安全生产红线管理制度规定，动车组、客车定检过期却上线使用；车辆乘务员、随车机械师在发现危及行车安全的车辆故障时，没有按规定进行应急处置，盲目带车；对货车安全监测设备预报的信息，作业人员未按规定处置。这是铁路车辆系统安全生产红线。故选 ABC。

9.【参考答案】ABC

【解析】铁路运输企业安全生产红线管理制度规定，客运机车、代客货运机车超检修周期上线使用；非正常停车后，机车乘务员不按规定报告车站值班员或列车调度员。机车乘务员值乘运行中睡觉，或值乘中违章离开司机室，造成司机室无人值守；不执行“运输调度集中统一指挥、行车单一指挥”；列车运行中，机车制动系统、走行部故障，未按规定处置盲目运行。以上是铁路机车系统安全生产红线。故选 ABC。

10.【参考答案】ABC

【解析】铁路运输企业安全生产红线管理制度规定，未确认停、送电条件，错误停、送电；接触网支柱、隧道吊柱侵入机车车辆限界；接触网作业车行车安全装备不全上线运行，或运行途中擅自关闭、解除监控装置功能；接触网作业车司机未按规定确认信号、未按标准执行车机联控行车；接触网作业车未按规定设置或撤除防溜装置。以上是铁路供电系统安全生产红线。故选 ABC。

11.【参考答案】ABCD

【解析】铁路运输安全生产红线管理要求，国铁集团及所属单位应将防止碰触安全生产红线的措施纳入相关岗位的作业标准和操作规程中，强化人员日常安全培训，加强安全生产警示教育和安全生产法治教育，深化全员对红线意识的认识并强化底线思维，要从人防、物防、技防等多个方面持续完善防止碰触安全生产红线的保障措施。故选 ABCD。

12.【参考答案】ACD

【解析】铁路建设施工安全生产红线要求，对铁路施工的安全生产红线，分为 A 类和 B 类管理。A 类安全生产红线指严重事故隐患或险情，B 类安全生产红线指一般事故隐患。故选 ACD。

13.【参考答案】BCD

【解析】自轮运转设备上道时要做到无线列车调度电话性能良好、机车信号性能良好、运行监控装置性能良好。故选 BCD。

14.【参考答案】ABC

【解析】施工单位未按规定设置驻站联络员和现场防护员；大型机械邻近既有线施工未做到一机一人专职防护，来车时未提前停止作业；自轮运转设备上道未做到“三项设备”性能良好。以上属于铁路营业线施工安全生产 A 类红线。作业人员未穿戴安全劳动防护用品属于铁路营业线施工安全生产 B 类红线。故选 ABC。

15.【参考答案】BCD

【解析】火工品存储、运输及使用等环节存在严重管理漏洞，属于铁路隧道施工安全生产 A 类红线。临时设施未避开不良地质处所，不符合防洪、防火、防雷、防风和安全健康以及环境保护要求；开工报告未经审核批准擅自开工，施工前未向施工人员交底；隧道工程施工现场作业环境恶劣，通风和照明条件不足。以上是铁路隧道施工安全生产 B 类红线。故选 BCD。

16.【参考答案】ABD

【解析】铁路建设施工安全生产红线要求，千斤顶工作不平稳，系统打开后左、右不对称，行走速度不均匀；未采取有效措施防止对前支腿墩柱产生过大力矩；混凝土钢筋—预应力张拉区无明显标志，构件两端站人。以上属于铁路移动模架施工安全生产 A 类红线。未实行脚手架搭设验收和使用检查制度，防护栏杆未绑扎牢固，发现问题未及时处理，属于铁路移动模架施工安全生产B类红线。故选ABD。

17.【参考答案】CD

【解析】铁路建设施工安全生产红线要求，在运梁过程中，提梁、移梁、落梁等关键步骤，项目部（工区）安全生产管理人员未在施工现场进行把关；架桥机架梁作业时，未确保抗倾覆稳定系数小于1.3。这属于铁路运架梁施工安全生产A类红线。运梁车在高压输电线路下运行，以及架桥机在高压输电线路下架桥作业时，高压输电线路距架桥机的最小安全距离不满足规定的要求；运架梁施工时，存在超速作业、夜间施工、五级及以上大风天气作业、暴雨天气作业等情况。这属于铁路运架梁施工安全生产B类红线。故选CD。

18.【参考答案】AB

【解析】《企业安全生产标准化基本规范》（GB/T 33000—2016）对企业安全生产标准化的定义为：企业通过落实安全生产主体责任，全员全过程参与，建立并保持安全生产管理体系，全面管控生产经营活动各环节的安全生产与职业卫生工作，实现安全健康管理系统化、岗位操作行为规范化、设备设施本质安全化、作业环境器具定置化，并持续改进。故选AB。

19.【参考答案】ABC

【解析】为进一步推进铁路安全生产标准化建设，2022年6月，国家铁路局印发了《国家铁路局关于推进铁路企业安全生产标准化建设工作的通知》，要求将企业全部管理层级、各类作业工种、各项经营业务和所有相关方，以及生产经营活动全流程、各环节纳入安全生产标准化建设。铁路行业安全生产标准化建设全面开启了新的征程。故选ABC。

20.【参考答案】ABD

【解析】《国家铁路局关于推进铁路安全生产标准化建设工作的通知》中要求，建立健全评定标准和考评体系并积极部署推进。这一程序包括企业安全生产标准化达标自评、企业安全生产标准化达标评定、企业安全生产标准化达标复核、评定结果公开。故选ABD。

21.【参考答案】AD

【解析】《国家铁路局关于推进铁路安全生产标准化建设工作的通知》中要求，标准化等级仅"合格"或"不合格"。故选AD。

22.【参考答案】BCD

【解析】2014 年 7 月，住房城乡建设部印发的《建筑施工安全生产标准化考评暂行办法》要求，工程项目在项目施工过程中每月主要依据《建筑施工安全检查标准》(JGJ 59—2011）等开展安全生产标准化自评工作；建筑施工企业每年主要依据《施工企业安全生产评价标准》(JGJ/T 77—2010）等开展企业安全生产标准化自评工作。住房城乡建设主管部门或其委托的建筑施工安全监督机构负责建筑施工企业的安全生产标准化考评工作。标准化等级分为“优良”“合格”“不合格”。故选 BCD。

23.【参考答案】ABD

【解析】铁路单位应建立安全风险分级管控制度，依据国家及行业相关安全生产法律法规、规章、标准及规范性文件等规定，全面开展安全风险辨识，科学评估风险等级，分级采取措施有效管控安全风险，实施安全风险公告及监测警示，加强动态管理，从源头上防范化解重大风险，实现风险等级逐步降低、安全风险有效管控。安全风险分级管控包含风险辨识、评估、管控、预警、等级调整与变更、公告等流程环节。故选 ABD。

24.【参考答案】ABC

【解析】隐患治理复查验收情况纳入各级隐患台账。重大隐患治理完成后，由单位主要负责人组织专项验收，验收通过后向铁路监管部门报告，申请销号。未经铁路监管部门审查同意，铁路单位不得擅自改变隐患治理方案确定的安全措施和应急预案等。一般隐患完成治理后，由铁路单位负责人或其派出机构负责人、安全生产管理人员组织验收，出具整改验收结论，并由验收主要负责人签字确认。重大隐患治理验收后，应对重大隐患形成原因及治理工作进行分析评估，及时完善相关制度和措施，开展有针对性的培训教育。一般隐患由铁路单位负责人或安全生产管理人员按照职责分工，及时组织治理消除，未治理消除前应当制定可靠的安全控制和防范措施。D 项错误，A、B、C 项正确。故选 ABC。

25.【参考答案】ABC

【解析】隐患排查方式包括日常排查、定期排查和专项排查。隐患排查可与风险辨识统筹结合开展，针对排查出的隐患应同步开展风险辨识与管控。故选 ABC。

26.【参考答案】ABCD

【解析】安全生产责任制是根据我国的安全生产方针和安全生产法规以及“管生产必须管安全”这一原则，建立的各级领导、职能部门、工程技术人员、岗位操作人员在生产过程中对安全生产层层负责的制度。安全生产责任制作为我国安全生产方针的具体体现，是企业安全生产制度体系的“母制度”，是企业安全生产、劳动保护管理制度的核心，也是企业安全生产工作落实最基本和最有效的“规矩”。故选ABCD。

27.【参考答案】ABCD

【解析】企业安全生产责任制总体原则是“三个必须”和“谁主管谁负责”，“三个必须”是：管行业必须管安全、管业务必须管安全、管生产经营必须管安全。故选ABCD。

28.【参考答案】ABCD

【解析】生产经营单位作为安全生产的责任主体，必须建立全员安全生产责任制，把“安全生产，人人有责”的理念制度化；企业要组织制订并有效实施全员安全生产责任制教育培训计划，将安全生产责任制教育培训工作纳入安全生产年度计划，可通过自行组织或委托机构等方式进行；企业安全生产责任制要做到全员参与、全员宣贯、全员落实，确保从业人员的安全生产责任制在企业醒目位置长期公示，营造人人了解制度、人人遵守规范、人人主动维护安全的良好氛围。故选ABCD。

29.【参考答案】ABCD

【解析】《企业安全生产责任体系五落实五到位规定》中要求，所有企业必须认真履行安全生产主体责任，切实做到五落实五到位：必须落实“党政同责”要求，董事长、党组织书记、总经理对本企业安全生产工作共同承担领导责任；必须落实安全生产“一岗双责”，所有领导班子成员对分管范围内安全生产工作承担相应职责；必须落实安全生产组织领导机构，成立安全生产委员会，由董事长或总经理担任主任；必须落实安全管理力量，依法设置安全生产管理机构，配齐配强注册安全工程师等专业安全管理人员；必须落实安全生产报告制度，定期向董事会、业绩考核部门报告安全生产情况，并向社会公示；必须做到安全责任到位、安全投入到位、安全培训到位、安全管理到位、应急救援到位。故选ABCD。

30.【参考答案】ABC

【解析】安全生产责任制是企业岗位责任制的重要组成部分，是企业中最基本、最核心的安全管理制度。其主要内容包括三个方面：一是各级负责生产和经营的管理人员，在完成生产或经营任务的同时，必须对安全生产负责；二是各职能部门的人员应对自己业务范围内的安全生产负责；三是所有的从业人员应在自己本职工作范围内做到安全生产。D 项说法错误。故选 ABC。

31.【参考答案】ABCD

【解析】习近平总书记强调，各级党委和政府要认真贯彻落实党中央关于加快安全生产领域改革发展的工作部署，坚持党政同责，一岗双责、齐抓共管、失职追责，严格落实安全生产责任制，完善安全监管体制，强化依法治理，不断提高全社会安全生产水平，更好维护广大人民群众生命财产安全。故选 ABCD。

32.【参考答案】ABCD

【解析】在明确责任的基础上，坚持把安全生产纳入企业经营业绩考核体系。铁路企业应制定严格的事故责任追究办法，坚持“四不放过”的原则，加大对各层级安全责任的考核和问责力度。对安全生产违法行为，还要追究法律责任。各铁路企业应依据本单位安全生产全过程责任追溯制度，按照人员管理权限，逐级开展安全生产全过程责任追溯。对影响铁路运输安全的事故隐患，应进行专题分析，查明隐患致因，提出追责意见，并依据干部履职考核评价制度，进行追溯问责或考核。故选 ABCD。

33.【参考答案】BCD

【解析】安全生产全过程责任追溯适用于各级管理人员和生产作业人员。故 A 项说法错误。责任追溯主要对象为事故、行车设备故障和重大安全隐患的管控责任人。依据相关规定，应严肃追究事故安全责任，同时应根据行车设备故障考核办法，对相关人员进行责任考核。在此基础上，针对事故、行车设备故障和重大事故隐患的原因，根据部门安全生产责任制，逆向追溯相关人员的安全生产履责情况。对安全生产责任履行不到位的个人和组织，应依据安全生产奖惩办法、履职质量考评办法等管理制度，开展安全生产全过程安全责任追溯考核。B、C、D 项说法正确。故选 BCD。

34.【参考答案】ABCD

【解析】开展安全生产全过程责任追溯，要坚持目标导向和问题导向，从管理源头入手，从以下重点环节全过程倒查与分析有关人员的安全履职情况：生产经营过程按章指挥、按标作业，执行规章制度、作业标准、操作规程、作业纪律、劳动纪律等相关规定；安全生产和职业健康工作决策、部署、指挥符合相关程序规定；应制定技术规章、技术标准、建设标准、作业标准等技术文件以及全员安全生产责任制、安全生产管理制度等规范，并及时开展建、修、补、废工作；应核实安全生产费用的提取和使用情况，确保安全生产投入及时、有效，现场具备安全生产作业条件，设备设施作用正常有效，职业环境符合相关要求；应审查生产组织安排和生产作业方式的合理性，确保符合生产运营实际，并根据生产组织、作业方式及工作量合理配备人员，严格落实岗位准入标准和铁路企业安全生产红线管理制度；应检查铁路企业职工安全生产教育和职业技能培训制度的落实情况……故选 ABCD。

35.【参考答案】ABCD

【解析】安全文化是生产经营单位安全工作的灵魂，是生产经营单位全体从业人员对安全工作集体形成的一种共识，是实现安全长治久安的强有力支撑。生产经营单位安全文化是生产经营单位在长期生产经营活动中形成的被从业人员普遍信奉并付诸实践的，同生产经营单位目标一致的安全理念与价值取向及其实践的总和。生产经营单位在安全生产中实施安全文化工程，要坚持“以安全塑文化、用文化保安全”的原则，重点加强观念文化、行为文化、制度文化和物态文化建设，真正用文化构筑起安全防线，从而保证和推动生产经营单位安全生产持续稳定发展。故选 ABCD。

36.【参考答案】ABCD

【解析】发展必须把人的生命安全放在首位。安全促进发展，发展必须安全。不允许“带血的代价”存在。企业要发展，必须在安全的环境中进行。没有安全，将没有员工和社会的信任；没有安全，也就谈不上生存，更没有发展。故选 ABCD。

37.【参考答案】ABCD

【解析】工伤预防教育培训措施是指坚持“安全第一，预防为主，综合治理”的方针，普及安全生产和工伤保险知识，提高用人单位和职工工伤预防意识，增强他们的工伤预防能力，从而有效减少和避免工伤事故及职业病的发生。故选 ABCD。

38.【参考答案】ABC

【解析】根据《生产经营单位安全培训规定》，生产经营单位要严格按照岗位准入标准和职业技能培训规范要求，落实资格性培训制度；生产经营单位安全生产教育培训应包括安全生产和职业卫生两方面的内容；生产经营单位应如实记录全体从业人员安全生产教育培训情况，建立完整的安全生产教育培训档案和从业人员个人安全教育培训档案，并对培训效果进行定期评估和必要改进。A、B、C 项说法正确。生产经营单位使用被派遣劳动者的，应当将被派遣劳动者纳入本单位从业人员统一管理，对被派遣劳动者进行岗位安全操作规程和安全操作技能的教育培训。D 项说法错误。故选 ABC。

39.【参考答案】ABCD

【解析】根据班组安全管理要求，应严格执行班组工序交接班制度；作业班组每日上班开始工作前，由班组长负责进行班前安全讲话；结合当天工作任务，应学习、抽考相关安全规程的有关条款和相关安全知识；要求做好班前讲话培训记录，将班前会情况记入班组安全生产日志。故选 ABCD。

40.【参考答案】ABC

【解析】根据铁路施工班组安全管理要求，铁路施工现场班前安全教育，每天上班前，各作业班组长必须对本班组职工进行全面而又有针对性的安全教育活动；施工机械、机具，在投入正常运行前，必须进行检查；项目部班前安全活动必须有书面记录，由项目安全员签字确认；凡班前酗酒者，一律不准进入施工现场；凡是不具备上岗作业条件者，一律不得上岗作业。故选 ABC。

## 三、判断题

1.【参考答案】√

【解析】安全生产管理是指对安全生产工作进行的管理和控制。企业主管部门是企业经济及生产活动的管理机关，按照“管理生产同时管理安全”的原则，在组织本部门、本行业的经济和生产工作中，同时也负责安全生产管理。

2.【参考答案】√

【解析】《中华人民共和国安全生产法》第三条第三款规定，安全生产工作实行管行业必须管安全、管业务必须管安全、管生产经营必须管安全，强化和落实生产经营单位主体责任与政府监管责任，建立生产经营单位负责、职工参与、政府监管、行业自律和社会监督的机制。

3.【参考答案】√

【解析】《中华人民共和国安全生产法》第三条第一款规定，安全生产坚持中国共产党的领导。

4.【参考答案】×

【解析】《中华人民共和国安全生产法》第五条规定，生产经营单位的主要负责人是本单位安全生产第一责任人，对本单位安全生产工作全面负责。其他负责人对职责范围内的安全生产工作负责。

5.【参考答案】√

【解析】做好安全生产工作就要建立健全最严格的安全生产责任体系。习近平总书记强调，坚持最严格的安全生产制度，什么是最严格？就是要落实责任。要把安全责任落实到岗位、落实到人头，坚持管行业必须管安全、管业务必须管安全，加强督促检查、严格考核奖惩，全面推进安全生产工作。

6.【参考答案】×

【解析】《中华人民共和国安全生产法》第七条第一款规定，工会依法对安全生产工作进行监督。

7.【参考答案】√

【解析】做好安全生产工作就必须强化依法治理安全生产。习近平总书记指出，必须强化依法治理，用法治思维和法治手段解决安全生产问题，加快安全生产相关法律法规制定修订，加强安全生产监管执法，强化基层监管力量，着力提高安全生产法治化水平。

8.【参考答案】√

【解析】做好安全生产工作就必须加强安全生产源头治理。习近平总书记指出，要坚持标本兼治，坚持关口前移，加强日常防范，加强源头治理、前端处理。

9.【参考答案】√

【解析】做好安全生产工作就必须完善安全生产应急救援体系。要认真组织研究应急救援规律，提高应急处置能力，强化处突力量建设，确保一旦有事，能够拉得出、用得上、控得住，最大限度减少人员伤亡和财产损失。

10.【参考答案】√

【解析】对安全生产必须警钟长鸣、常抓不懈，丝毫放松不得，否则就会给国家和人民带来不可挽回的损失。

11.【参考答案】√

【解析】坚持安全发展理念，就是要贯彻以人民为中心的发展思想，始终把人的生命安全放在首位，正确处理安全与发展的关系，牢牢树立发展不能以牺牲人的生命为代价这个理念。

12.【参考答案】×

【解析】铁路运输企业安全生产红线管理制度规定，不得进行下列触碰铁路企业通用安全生产红线的行为：班前、班中饮酒；无资质人员或擅自交由无资质人员驾驶机车、动车组；违反 LKJ、ATP 数据管理规定，错装、漏装 LKJ、ATP 数据；机车乘务员擅自关闭或切除行车安全装备。

13.【参考答案】√

【解析】铁路运输企业安全生产红线管理制度规定，动车组、客车定检过期上线使用；车辆乘务员、随车机械师在发现危及行车安全的车辆故障时，没有按规定进行应急处置，盲目带车；对货车安全监测设备预报的信息，作业人员未按规定处置。以上是铁路车辆系统安全生产红线。

14.【参考答案】×

【解析】铁路运输企业安全生产红线管理制度规定，不设防护上道作业；高速铁路作业后遗留工机具；防护员漏报、错报本线列车；有限空间作业未执行“先通风、再检测、后作业”规定。以上是铁路工务、房建系统安全生产红线。

15.【参考答案】√

【解析】铁路运输企业安全生产红线管理制度规定，未确认停、送电条件，错误停、送电；接触网支柱、隧道吊柱侵入机车车辆限界；接触网作业车行车安全装备不全上线运行或运行途中擅自关闭、解除监控装置功能；接触网作业车司机未按规定确认信号、未按标准执行车机联控行车；接触网作业车未按规定设置或撤除防溜装置。以上是铁路供电系统安全生产红线。

16.【参考答案】√

【解析】铁路运输企业安全生产红线管理制度规定，漏传、错传调度命令或错误执行调度命令；站台作业车辆掉入股道；临时停车擅自组织乘降；看车人员在车内抽烟、使用明火。以上是铁路客运系统安全生产红线。

17.【参考答案】×

【解析】铁路运输企业安全生产红线管理制度规定，国铁集团及所属单位应将防止碰触安全生产红线的措施纳入相关岗位的作业标准和操作规程中，鼓励自查自纠，对所属单位和部门自查发现的碰触安全红线问题，可依据相关规定对相关人员从轻或减轻处理，甚至免予责任追究。对连续被上级检查发现碰触安全生产红线问题的单位和部门，应严肃剖析问题原因，并组织重点促改措施。

18.【参考答案】√

【解析】铁路运输企业安全生产红线管理制度规定，国铁集团及所属单位应将防止碰触安全生产红线的措施纳入相关岗位的作业标准和操作规程中。相关责任追究规定应依法履行企业民主管理程序，经审议通过后，纳入企业管理规章制度，并在企业内部进行公示或以其他方式告知全体职工，对涉及解除劳动合同的有关内容应依法写入劳动合同中。

19.【参考答案】√

【解析】铁路建设施工安全生产红线要求，未制定并严格执行营业线、隧道、移动模架及运架梁施工相关安全生产管理办法，未建立健全施工安全生产责任制度和责任追究制度，属于铁路建设施工安全生产红线。

20.【参考答案】×

【解析】铁路营业线施工安全生产红线要求，靠近既有线的材料、机具未按规定堆放，造成侵限，属于铁路营业线施工安全生产 A 类红线。

21.【参考答案】×

【解析】铁路营业线施工安全生产红线要求，既有线进行基坑、土方、管道、电缆沟开挖时，没有设备管理人员配合、监督，无防护措施，属于铁路营业线施工安全生产 B 类红线。

22.【参考答案】√

【解析】铁路建设施工安全生产红线要求，隧道洞门工程、边坡存在事故隐患，属于铁路隧道施工安全生产 A 类红线。

23.【参考答案】×

【解析】铁路建设施工安全生产红线要求，夜间作业未设置充足的照明，属于铁路移动模架施工安全生产 B 类红线。

24.【参考答案】√

【解析】《铁路运输企业安全生产标准化基本规范》（尚在编制中）提出的要素包括安全生产目标、安全基础管理、双重预防机制建设、铁路沿线安全环境治理、安全文化建设等内容。

25.【参考答案】√

【解析】2014 年 7 月，住房城乡建设部印发的《建筑施工安全生产标准化考评暂行办法》要求，工程项目在项目施工过程中每月主要依据《建筑施工安全检查标准》（JGJ 59—2011）等开展安全生产标准化自评工作。

26.【参考答案】√

【解析】根据《建筑施工安全检查标准》（JGJ 59—2011）相关规定，建筑项目施工现场安全生产标准化自评工作内容分保证项目和一般项目。

27.【参考答案】×

【解析】2014 年 7 月，住房城乡建设部印发的《建筑施工安全生产标准化考评暂行办法》要求，建筑施工企业每年主要依据《施工企业安全生产评价标准》（JGJ/T 77—2010）等开展企业安全生产标准化自评工作。

28.【参考答案】√

【解析】按照确定的风险及管控措施，重点排查规章制度、技术标准、生产组织、作业行为、设备状态、外部环境、季节性特点、恶劣天气、自然灾害和应急处置等方面存在的隐患，将失控可能性大、后果严重的风险所在部位确定为隐患排查的重点部位，全面查找人的不安全行为、物的不安全状态、环境的危险状态和管理上的缺陷。

29.【参考答案】×

【解析】《中华人民共和国安全生产法》将双重预防机制当成解决安全生产基础性、根源性问题的重要手段，规定“生产经营单位……构建安全风险分级管控和隐患排查治理双重预防机制，健全风险防范化解机制”“生产经营单位的主要负责人对本单位安全生产工作负有下列职责：……（五）组织建立并落实安全风险分级管控和隐患排查治理双重预防工作机制，督促、检查本单位的安全生产工作，及时消除生产安全事故隐患……”等要求。所以双重预防机制不只是安全管理部门的职责，铁路单位是双重预防机制建设的责任主体，铁路单位主要负责人对本单位双重预防机制建设全面负责。

30.【参考答案】×

【解析】从业人员发现事故隐患或者其他不安全因素，应立即向现场安全生产管理人员、本单位负责人或者列车调度员、车站值班员报告，接到报告的人员应当及时予以处理。经排查判定为重大隐患后，铁路单位应及时向铁路监管部门、有关地方人民政府报告；涉及其他相关行业部门的，应当同时按照有关规定报告。

31.【参考答案】√

【解析】安全生产责任制作为我国安全生产方针的具体体现，是保障安全生产的基石，是企业安全生产制度体系的“母制度”，也是企业安全生产工作落实最基本和最有效的“规矩”。全面落实企业安全生产责任制，有利于减少企业违章指挥、违章作业、违反劳动纪律等“三违”现象的发生，有利于消除人的不安全行为，严防事故发生。

32.【参考答案】√

【解析】落实安全生产责任制是规范安全管理、防范事故发生的有效措施，贯彻好安全生产责任制，实现“全员、全方位、全过程、全时段”的安全管理，促进安全生产有序可控。

33.【参考答案】√

【解析】安全生产全过程责任追溯制度适用于各级管理人员和生产作业人员，特别是针对那些涉及事故、行车设备故障和重大安全隐患的管控责任人。

34.【参考答案】√

【解析】国铁集团根据国家对企业安全生产责任制的要求，结合铁路自身实际情况，建立完善了以领导负责、分工负责、专业负责、岗位负责为主要内容的安全生产逐级负责制。

35.【参考答案】√

【解析】《中华人民共和国安全生产法》第二十八条第一款规定，生产经营单位应当对从业人员进行安全生产教育和培训，保证从业人员具备必要的安全生产知识，熟悉有关的安全生产规章制度和安全操作规程，掌握本岗位的安全操作技能，了解事故应急处理措施，知悉自身在安全生产方面的权利和义务。未经安全生产教育和培训合格的从业人员，不得上岗作业。

36.【参考答案】√

【解析】《中华人民共和国安全生产法》第二十八条第二款规定，生产经营单位使用被派遣劳动者的，应当将被派遣劳动者纳入本单位从业人员统一管理，对被派遣劳动者进行岗位安全操作规程和安全操作技能的教育和培训。劳务派遣单位应当对被派遣劳动者进行必要的安全生产教育和培训。

37.【参考答案】√

【解析】《中华人民共和国安全生产法》第二十八条第三款规定，生产经营单位接收中等职业学校、高等学校学生实习的，应当对实习学生进行相应的安全生产教育和培训，提供必要的劳动防护用品。学校应当协助生产经营单位对实习学生进行安全生产教育和培训。

38.【参考答案】×

【解析】《中华人民共和国安全生产法》第二十七条第二款规定，危险物品的生产、经营、储存、装卸单位以及矿山、金属冶炼、建筑施工、运输单位的主要负责人和安全生产管理人员，应当由主管的负有安全生产监督管理职责的部门对其安全生产知识和管理能力考核合格。考核不得收费。

39.【参考答案】√

【解析】《中华人民共和国安全生产法》第二十七条第一款规定，生产经营单位的主要负责人和安全生产管理人员必须具备与本单位所从事的生产经营活动相应的安全生产知识和管理能力。

40.【参考答案】×

【解析】《中华人民共和国安全生产法》第二十三条第二款规定，有关生产经营单位应当按照规定提取和使用安全生产费用，专门用于改善安全生产条件。安全生产费用在成本中据实列支。安全生产费用提取、使用和监督管理的具体办法由国务院财政部门会同国务院应急管理部门征求国务院有关部门意见后制定。

41.【参考答案】√

【解析】《铁路安全管理条例》第五十八条规定，铁路运输企业应当加强铁路专业技术岗位和主要行车工种岗位从业人员的业务培训和安全培训，提高从业人员的业务技能和安全意识。

42.【参考答案】√

【解析】《铁路安全管理条例》第五条规定，从事铁路建设、运输、设备制造维修的单位应当加强安全管理，建立健全安全生产管理制度，落实企业安全生产主体责任，设置安全管理机构或者配备安全管理人员，执行保障生产安全和产品质量安全的国家标准、行业标准，加强对从业人员的安全教育培训，保证安全生产所必需的资金投入。

43.【参考答案】√

【解析】《铁路安全管理条例》第五十七条规定，铁路机车车辆的驾驶人员应当参加国务院铁路行业监督管理部门组织的考试，考试合格方可上岗。具体办法由国务院铁路行业监督管理部门制定。

44.【参考答案】√

【解析】我国铁路各工作岗位实行严格的准入制度，每个岗位都有明确的岗位标准，包括岗位职责、基本素质要求、基本技能要求、工作质量要求以及培训考核要求等，这些标准是对不同岗位人员应具备素质的综合要求，也是从事铁路运输各工作岗位的最基本条件，为开展岗位评定考核提供了基本依据。

45.【参考答案】√

【解析】根据《高速铁路岗位培训规范》，对所有铁路运输企业从业人员，每年组织不少于8学时的劳动安全培训，考试不合格者不准上岗。

46.【参考答案】×

【解析】在生产经营单位内部开展从业人员“三级”“四新”安全教育，并经安全考核合格后上岗操作，坚决杜绝“四新”人员未经培训、考核合格单独上岗操作。

47.【参考答案】√

【解析】根据《生产经营单位安全培训规定》第十七条第二款，生产经营单位采用新工艺、新技术、新材料或者使用设备设施时，应对有关从业人员重新进行有针对性的安全培训。

48.【参考答案】√

【解析】根据《生产经营单位安全培训规定》第十七条第一款，从业人员在本生产经营单位内调整工作岗位或离岗一年以上重新上岗时，应当重新接受车间（工段、区、队）和班组级的安全培训。

49.【参考答案】√

【解析】根据《生产经营单位安全培训规定》第十八条第一款，生产经营单位的特种作业人员必须按照国家有关法律、法规的规定接受专门安全作业培训，经考核合格，取得特种作业操作资格证书后，方可上岗作业。

50.【参考答案】√

【解析】企业专职应急救援人员属于特种作业人员，根据《生产经营单位安全培训规定》，接受专门应急救援培训，考核合格后，方可上岗，并且他们还应定期参加复训。

51.【参考答案】×

【解析】铁路安全培训措施主要是涉及岗位培训，特别是岗前资格性培训和岗位适应性培训。岗前资格性培训是指按照岗位准入管理的要求，为取得上岗资格而组织开展的业务培训；岗位适应性培训是指人员上岗后，为巩固和提高作业技能而组织开展的业务培训。

52.【参考答案】√

【解析】根据《生产经营单位安全培训规定》第四条第一款，生产经营单位应当进行安全培训的从业人员包括主要负责人、安全生产管理人员、特种作业人员和其他从业人员。

53.【参考答案】√

【解析】铁路从业人员须完成岗前资格性培训，考核合格后方可正式上岗。新职人员须参加单位、车间、班组三级安全培训。

54.【参考答案】√

【解析】外来人员进入作业现场前，应由作业现场所在单位对其进行安全教育培训，并保存记录。主要内容包括：外来人员入厂（企）有关安全规定、可能接触到的危害因素、所从事作业的安全要求、作业安全风险分析及安全控制措施、职业病危害防护措施、应急知识等。

55.【参考答案】×

【解析】安全发展理念是安全领域衡量对错、好坏的最基本道德标准，是安全文化建设的关键环节和核心要素。

# 第三章 铁路专业安全技术

## 一、单项选择题

**1. 在铁路生产经营单位中，对安全生产工作负全面责任的是（　　）。**

A. 铁路生产经营单位中负责安全生产工作的分管负责人

B. 铁路所在行政区域地方政府的上级政府安全生产管理部门

C. 铁路所在行政区域地方政府的安全生产管理部门

D. 铁路生产经营单位的主要负责人

**2. 所有与列车运行有关的铁路各部门，必须按（　　）的要求，组织本部门的工作，以保证列车按运行图运行。**

A. 调度命令　　B. 铁路技术管理规程

C. 列车运行图　　D. 行车组织规则

**3. 指挥列车运行的命令（运行揭示调度命令除外）和口头指示，只能由（　　）发布。**

A. 车站值班员　　B. 列车调度员

C. 值班站长　　D. 调车长

**4. 行车有关人员在任职、提职、改职前，必须进行拟任岗位资格性培训，并经职业技能鉴定和考试考核，取得相应（　　），方可任职。**

A. 培训结业证书　　B. 职业资格证书

C. 岗位培训合格证书　　D. 职业资格证书和岗位培训合格证书

**5. 调车作业上车时，车速不得超过（　　）km/h；下车时，车速不得超过（　　）km/h。**

A. 15；20　　B. 15；25

C. 20；25　　D. 20；30

**6. 调车作业在空线牵引运行时速度不得超过（　　）km/h；推进运行时速度不得超过（　　）km/h。**

A. 40；35　　B. 40；40

C. 30；40　　D. 40；30

**7. 调车作业在接近被连挂的车辆时速度不得超过（　　）km/h。**

A. 5　　B. 6

C. 8　　D. 10

**8. 电力机车、动车组在有接触网终点的线路上调车时，应控制速度，距接触网终点标应有（　　）m 的安全距离。**

A. 10　　B. 8

C. 6　　D. 5

**9. 动车组以外的列车司机在列车运行中，遇机车信号、列车运行监控装置（轨道车运行控制设备）发生故障时，司机应控制列车运行至前方站停车处理或请求更换机车，在自动闭塞区间，列车运行速度不超过（　　）。**

A. 20 km/h　　B. 25 km/h

C. 30 km/h　　D. 40 km/h

**10. 动车组列车按列车运行监控装置方式行车时，在自动闭塞区间，机车信号、列车运行监控装置故障，列车运行速度不超过（　　）。**

A. 20 km/h　　B. 25 km/h

C. 30 km/h　　D. 40 km/h

**11. 动车组列车按列控车载设备方式行车时，遇列控车载设备发生故障，应根据调度命令停车转为隔离模式运行，列车运行速度不超过（　　）。**

A. 20 km/h　　B. 25 km/h

C. 40 km/h　　D. 50 km/h

**12. 检修机车动车前，司机、交车工长和调车人员按职责检查机车是否具备走车条件，有无作业人员和障碍物，动车时由（　　）单一指挥。**

A. 司机　　B. 调车人员

C. 检修人员　　D. 交车工长

**13. 动车组随车机械师途中巡检需要执行的五字作业法为巡、看、听、闻、（　　）。**

A. 摸　　B. 写

C. 说　　D. 联

**14. 动车组地勤机械师作业，应严格一级检修作业标准，下列不属于一级检修作业标准的是（　　）。**

A. 对运用动车组的车顶部位实施快速例行检查、试验和故障处理

B. 对运用动车组的车底、车体两侧部位实施快速例行检查、试验和故障处理

C. 对运用动车组的车内和司机室等部位实施快速例行检查、试验和故障处理

D. 对动车组各系统、零部件实施的周期性维护保养、检测、试验

**15. 车辆乘务人员发现危及行车和人身安全情形时，应使用紧急制动阀（紧急制动装置）停车。下列关于使用紧急制动阀的说法，错误的是（　　）。**

A. 车辆燃轴或重要部件损坏

B. 列车发生火灾

C. 有人从列车上坠落或线路内有人死伤

D. 列车无线调度通信设备故障

**16. 客车检车员作业，车辆在进行带电设备及线路检查维修时，下列说法错误的是（　　）。**

A. 落实好“禁电优先”的原则

B. 一人作业

C. 作业者要规范穿戴好绝缘鞋、绝缘手套等防护用品

D. 严格执行停电检修、挂牌和监护等制度

**17. 货车检车员检查作业中列检人员在两侧平行作业时前后不超过（　　）转向架。**

A. 一个　　B. 两个

C. 三个　　D. 四个

**18. 货车检车员检修列车过程中，使用脱轨器时，前后两端防护距离不得少于（　　）m（固定脱轨器除外）。**

A. 5　　B. 10

C. 15　　D. 20

**19. 货车检车员处理车辆制动故障时，必须先关闭（　　），排净副风缸余风后方可进行。**

A. 折角塞门　　B. 风管

C. 制动支管　　D. 截断塞门

**20. 车辆钳工使用各种机具架落车作业，下列做法错误的是（　　）。**

A. 严格执行鸣笛制度　　B. 专人指挥

C. 严格执行呼唤应答　　D. 联合指挥

**21. 线路工作业，多组捣固机械同时捣固时，前后距离不得小于（　　）。**

A. 1 m　　B. 1.5 m

C. 2 m　　D. 3 m

**22. 下列不属于线路工作业的“一员四手”的是（　　）。**

A. 巡道员　　B. 起道机手

C. 直轨器手　　D. 轨缝调整器手

**23. 线路工作业，本线来车安全下道避车的距离，下列说法错误的是（　　）。**

A. $v_{max}$ ≤ 60 km/h 时，不小于 300 m

B. 60 km/h < $v_{max}$ ≤ 120 km/h 时，不小于 800 m

C. 120 km/h < $v_{max}$ ≤ 160 km/h 时，不小于 1 400 m

D. 160 km/h < $v_{max}$ ≤ 200 km/h 时，不小于 2 000 m

**24. 线路工作业，邻线（线间距不足 6.5 m）来车安全下道避车的距离，本线不封锁时，下列说法错误的是（　　）。**

A. 邻线 $v_{max}$ ≤ 60 km/h 时，本线可不下道

B. 60 km/h ＜邻线 $v_{max}$ ≤ 120 km/h 时，来车可不下道，但本线必须停止作业

C. 邻线 $v_{max}$ ＞ 120 km/h 时，下道距离不小于 1 400 m

D. 瞭望条件不良，邻线来车时本线可不下道

**25. 线路工作业，分组打道钉时，前后距离应不小于（　　）根枕木。**

A. 2　　B. 3

C. 5　　D. 6

**26. 巡道工上道巡检时，下列说法错误的是（　　）。**

A. 应按规定穿着醒目的防护黄马甲

B. 携带列车无线调度电话

C. 夜间要携带点燃两面灯光的信号灯

D. 信号灯熄灭时应走道心

**27. 桥梁工作业，在坠落高度基准面 2 m 及以上高处及陡坡上作业，必须按规定戴好安全帽、系好安全带或安全绳。使用单位（　　）对安全带、安全绳做一次检测。**

A. 每半年　　B. 每年

C. 每两年　　D. 每两年

**28. 关于电务作业安全防护标准，下列说法错误的是（　　）。**

A. 任何电器设备未经验电，一律视为无电

B. 工作前，必须检查工具、测量仪表、防护用具是否完好

C. 每次维修结束时，必须清点所带工具、零件

D. 电气设备的金属外壳必须接地（接零），接地线要符合标准

**29. 电气设备及其带动的机械部分需要修理时，下列说法错误的是（　　）。**

A. 不准在运转中拆卸修理

B. 停车后切断设备电源，取下熔管

C. 挂上“有人工作，注意安全”的标示牌

D. 验明无电后，方可进行工作

**30. 关于电务作业安全要求，下列说法错误的是（　　）。**

A. 一般不应带负荷断电和接电

B. 断开导线时应先断开火线，后断开地线

C. 断开导线时应先断开地线，后断开火线

D. 接电时，先接地线（先接零线），后接火线（后接相线）

**31. 在信号维修、施工作业中，要认真执行“三不动”安全制度，下列关于“三不动”的说法错误的是（　　）。**

A. 未登记联系好不动　　B. 对设备性能、状况不清楚不动

C. 正在使用中的设备不动　　D. 对停电待检修的设备不动

**32. 在信号维修、施工作业中，要认真执行“三不离”安全制度，下列关于“三不离”的说法错误的是（　　）。**

A. 未登记联系好不离开

B. 影响设备正常使用的故障未修好前不离开

C. 发现设备有异状时，未查清原因不离开

D. 工作完成后，不彻底试验良好不离开

**33. 在信号维修、施工作业中，处理设备故障时，要做到“三清”。下列关于“三清”的说法错误的是（　　）。**

A. 时间清　　B. 地点清

C. 原因清　　D. 任务清

**34. 关于信号工在高柱信号机上作业须使用安全带，下列说法错误的是（　　）。**

A. 允许机上、机下同时作业

B. 不得将工具、材料放在信号机上

C. 不准抛递工具、材料

D. 列车通过时，禁止在股道两侧信号机上停留

**35. 信号工对带有 220 V 及其以上电压的信号设备进行作业时，下列说法错误的是（　　）。**

A. 应切断电源

B. 双人作业

C. 设备停电作业时，须指派专人负责断电，并须在电源开关处悬挂停电作业牌

D. 单人作业

**36. 在站内、区间信号维修施工作业，要根据站场线路布置建立（　　）。**

A. 行车室　　B. 线路所

C. 设备存放库　　D. 作业安全岛

**37. 多人室外作业时，要设置（　　），并制定现场安全措施。**

A. 班组长　　B. 施工负责人

C. 专职安全防护人员　　D. 驻站联络员

**38. 电力设备作业时，必须采用安全组织措施，下列说法错误的是（　　）。**

A. 认真执行工作票制度　　B. 认真执行工作许可制度

C. 认真执行工作监护制度　　D. 认真执行劳动纪律

**39. 关于电力设备作业，下列说法错误的是（　　）。**

A. 允许超时停、送电

B. 在登杆作业时，必须确认该线路是停电线路

C. 单人巡线时，禁止攀登电杆、变压器工作台和接近地线

D. 必须学会紧急救护法

**40. 关于电力设备作业，下列说法错误的是（　　）。**

A. 电器设备使用的开关，必须垂直安装，闸刀、铁壳开关距离地面不得小于 1 m

B. 配电箱等各种电气设备的金属外壳，均应按不同要求设保护性接地或接零

C. 检修作业，无论高压、低压均禁止带电操作

D. 照明采用三相四线供电时，应先送单项电源试验，一切正常后，方可三相送电

**41. 关于从事接触网作业人员，下列说法错误的是（　　）。**

A. 必须实行安全员考试制度　　B. 必须实行安全等级制度

C. 经过考试评定安全等级　　D. 取得安全合格证

**42. 关于对接触网进行检修，下列说法错误的是（　　）。**

A. 对接触网进行检修必须停电进行

B. 停电作业时，必须具备规定的工作票

C. 停电作业必须有值班电力调度员批准的作业命令

D. 停电作业必须有行车调度员批准的作业命令

**43. 关于接触网的巡视工作要求，下列说法正确的是（　　）。**

A. 巡视不少于一人，其安全等级不低于二级

B. 巡视不少于一人，其安全等级不低于三级

C. 巡视不少于两人，其中一人的安全等级不低于二级

D. 巡视不少于两人，其中一人的安全等级不低于三级

**44. 接触网停电作业工作票有效期不得超过（　　）个工作日，所有工作票保存时间不少于（　　）个月。**

A. 3；12　　B. 4；12

C. 5；24　　D. 6；24

**45. 关于接触网停电作业，下列说法正确的是（　　）。**

A. 工作票签发人安全等级不低于二级

B. 工作票签发人安全等级不低于三级

C. 工作领导人安全等级不低于三级

D. 工作票签发人、工作领导人安全等级不低于四级

**46. 接触网停电作业时，每个监护人的监护范围一般不超过（　　）个跨距，在同一组软（硬）横跨上作业时不超过（　　）条股道。**

A. 2；4　　B. 2；5

C. 3；4　　D. 3；5

**47. 关于供电作业安全，下列说法错误的是（　　）。**

A. 每个作业组在停电作业前由施工负责人负责在主站办理进场作业清点、销点登记

B. 同一作业项目在多个作业点进行作业时，该作业项目除在主站配备施工负责人外，各辅站的作业需配备施工责任人

C. 作业组在接到停电作业命令后，须先验电接地，然后方可作业

D. 几个作业组同时作业时，统一设置安全防护措施，向电力调度员申请停电命令

**48. 关于供电系统作业安全，下列说法错误的是（　　）。**

A. 电力调度员发布停电作业命令时，受令人逐句认真复诵，经确认无误后，方可给命令编号和批准时间

B. 在发、受停电命令时，发令人要将命令内容等记入“作业命令记录与统计”中，受令人要将命令内容填写入接触网停电作业命令

C. 几个作业组同时作业时，应分别向电力调度申请停电命令

D. 作业组在接到停电作业命令后，可直接作业

**49. 关于供电系统作业安全，下列说法错误的是（　　）。**

A. 验电和装拆接地线，必须由两人进行

B. 验电和装拆接地线一人操作，一人监护

C. 操作人员必须戴安全帽、绝缘手套和穿绝缘靴，借助绝缘杆进行作业

D. 操作人员安全等级不低于三级，监护人员安全等级不低于四级

**50. 关于供电系统作业安全，下列说法错误的是（　　）。**

A. 工作票中规定的作业任务完成后，由工作领导人确认具备送电、行车条件

B. 将作业人员、机具、材料撤至安全地带并清点确认后，安排拆除接地线

C. 确认具备送电、行车条件后，工作领导人向电力调度员汇报后请求消除停电作业命令

D. 确认具备送电、行车条件后，现场工作人员向电力调度汇报后请求消除停电作业命令

**51. 关于配电工操作高压电器设备，下列说法错误的是（　　）。**

A. 作业人员必须使用合格的绝缘工具，戴绝缘手套，穿绝缘靴或站在绝缘台上

B. 手持式电气设备操作手柄和工作中必须接触的部分应绝缘良好

C. 必须确保两人执行

D. 两人按分工操作

**52. 关于配电工操作高压电器设备，下列说法错误的是（　　）。**

A. 高压线路倒闸作业时，必须实行操作制度和监理制度，作业人员必须填写操作票

B. 发现电气设备危及人身安全时应立即停电

C. 高压停送电操作时，严格执行“谁停电、谁送电”的停电制度

D. 断开了的隔离开关的操作机构必须锁住，并在操作手柄上悬挂“有人作业，禁止合闸”的标志牌

**53. 电气化铁路接触网停电检修时，下列说法正确的是（　　）。**

A. 禁止向停电区放行机车车辆

B. 禁止向停电区放行内燃机车及车辆

C. 禁止向停电区放行内燃机车及动车组

D. 禁止向停电区放行电力机车及动车组

**54. 关于电气化铁路货运、装卸作业安全，下列说法错误的是（　　）。**

A. 装卸货物线的接触网隔离开关平时要处于合闸状态

B. 需停电装卸作业时，必须先断开隔离开关，停电后，在指定的货物线安全区域标志内进行装卸作业

C. 装卸作业结束，确认所有人员已至安全地带后，方能合上隔离开关

D. 在装卸线的分段绝缘器内侧 3 m 处设安全区域标志

**55. 关于电气化铁路机车、动车、车辆作业安全，下列说法错误的是（　　）。**

A. 电气化铁路区段电力机车整备线，在分段绝缘器内侧 3 m 处应设安全区域标志

B. 电气化铁路区段动车组整备线，在分段绝缘器内侧 2 m 处应设安全区域标志

C. 电气化铁路区段，当动车组在运行途中发生故障，动车组司机需上车顶作业时，严格办理停电手续并做好安全防护措施后，方能作业

D. 在电气化区段运行的机车、动车可以攀登到车顶等处所，应有“电气化区段严禁攀登”的警告标志

**56. 关于电气化铁路工务作业安全，下列说法错误的是（　　）。**

A. 断开、更换钢轨前应装设一条截面面积不少于 70 mm² 的铜连接线，连接可靠方可开始作业

B. 工务作业需拆开接触网接地线设备时，应按设备分界进行作业，并及时恢复

C. 电气化铁路区段声屏障、风屏障、栅栏等金属体结构部分应可靠接地

D. 施工机械作业，作业人员及所持机具与接触网带电部分保持 1 m 以上距离时，接触网可不停电

**57. 电气化铁路牵引供电停电作业时，专业作业人员（包括所持的机具、材料、零部件等）与周围带电设备的距离，下列说法错误的是（　　）。**

A. 330 kV 不得小于 5 m

B. 220 kV 不得小于 3 m

C. 110 kV 不得小于 1.5 m

D. 25 kV 和 35 kV 不得小于 1.2 m

**58. 关于电气化铁路牵引供电、电力作业安全，下列说法错误的是（　　）。**

A. 从事牵引供电工作的有关人员，实行安全等级管理制度

B. 各种受力和绝缘工具应有合格证并定期进行试验

C. 利用“V”形天窗进行检修和事故抢修时，应增设接地线

D. 接触网的检修作业分为带电作业、停电作业、间接带电作业

**59. 关于电气化铁路牵引供电、电力作业安全，下列说法错误的是（　　）。**

A. 撤除相邻线供电（馈线）臂的重合闸

B. 在牵引供电回路开口作业时，应事先采取旁路、等电位措施

C. 吸上线与钢轨及扼流变中性点连接处确需拆卸作业时，必须采取旁路措施

D. 利用“V”形天窗进行检修和事故抢修时，可不增设接地线

**60. 关于电气化铁路牵引供电、电力作业安全，电气化铁路区段进行架空电力线路维修、施工作业时，在与铁路长距离平行作业区段内至少（　　）。**

A. 每隔 1 km 加装 1 组接地线

B. 每隔 2 km 加装 1 组接地线

C. 每隔 3 km 加装 1 组接地线

D. 每隔 4 km 加装 1 组接地线

**61. 电气化铁路附近发生火灾时，下列说法正确的是（　　）。**

A. 距牵引供电设备带电部分不足 4 m 的燃着物体，使用水灭火时，牵引供电设备可不停电

B. 距牵引供电设备带电部分不足 4 m 的燃着物体，使用灭火器灭火时，牵引供电设备可不停电

C. 距牵引供电设备带电部分超过 2 m 的燃着物体，使用沙土灭火时，牵引供电设备可不停电，但须保持灭火机具及沙土等与带电部分的距离在 1 m 以上

D. 距牵引供电设备带电部分超过 2 m 的燃着物体，使用沙土灭火时，牵引供电设备可不停电，但须保持灭火机具及沙土等与带电部分的距离在 2 m 以上

**62. 关于铁路营业线施工安全，下列说法不正确的是（　　）。**

A. 凡在营业线进行各类施工，在行车室和施工现场应设置驻站联络员和现场防护员

B. 防护员从作业人员离开班组或指定地点直至全部返回过程中，必须不间断防护（含往返路程）

C. 现场防护员必须做到“最先上道，最后下道”

D. 防护员可以是聘用的路外职工担任

**63. 关于营业线施工，下列说法错误的是（　　）。**

A. 施工人员经培训合格上线作业

B. 按安全协议进行施工

C. 有施工负责人、有安全技术交底

D. 无防护进行施工作业

**64. 营业线施工，作业人员所带工具、材料不准侵入供电、带电设备（　　）禁区。**

A. 2 m　　　　B. 3 m

C. 4 m　　　　D. 5 m

**65. 电气化铁路施工，在距接触网带电部位不到 1 m 的建筑物上作业，施工单位应提前（　　）提出申请。**

A. 一周　　　　B. 10 天

C. 半月　　　　D. 一个月

**66. 铁路大型机械施工现场，必须做到“五个一”，即一机、一人、一本、一牌、一证。下列不属于“五个一”的是（　　）。**

A. 机械操作证　　　　B. 机械施工日志

C. 设备标识牌　　　　D. 培训合格证

**67. 铁路施工作业场地安全要求，架空线路两侧各（　　）m 范围内和地下电缆两侧各（　　）m 范围不得建房搭棚。**

A. 10；3　　　　B. 10；2

C. 8；3　　　　D. 8；2

**68. 关于铁路施工作业场地安全，下列说法错误的是（　　）。**

A. 在与既有线并行地段进行作业时，不得侵入铁路建筑接近限界

B. 邻近既有线施工时，要设立距钢轨不小于 2 m 厚的限界标志，不得侵入机车车辆限界

C. 施工机械在既有线路堑高坡上推土作业，在靠近既有线一侧应留出不小于 2 m 厚的隔墙，以防止施工机械滑向既有线

D. 组织跨轨运输作业，过轨作业人员应在列车距工地不小于 500 m 时及时下道避车，各种机具材料下道后，不得侵入铁路建筑接近限界

**69. 盾构机开仓作业必须经（　　）审批，作业人员必须根据程序确认表做好记录。**

A. 主管单位　　　　B. 监理单位

C. 主管单位负责人　　　　D. 监理单位负责人

**70. 下列关于作业人员进入轨行区施工的说法，错误的是（　　）。**

A. 作业人员应从规定的出入口进出工地

B. 作业人员施工时可以进入线路区间

C. 作业人员不得单独进入车站轨行区

D. 作业人员必须服从现场调度员的指挥

## 二、多项选择题

**1. 关于列车运行图，下列说法正确的有（　　）。**

A. 列车运行图是铁路运输工作的综合计划

B. 列车运行图是铁路行车组织工作的基础

C. 规定了列车到发时刻和技术设备的使用

D. 所有与列车运行有关的铁路各部门，必须按列车运行图的要求，组织本部门的工作，以保证列车按运行图运行

**2. 下列属于铁路行车工作必须坚持的原则有（　　）。**

A. 集中领导　　B. 统一指挥

C. 逐级负责　　D. 单一负责

**3. 关于铁路信号，下列说法正确的有（　　）。**

A. 信号是指示列车运行的命令

B. 信号是指示调车作业的命令

C. 信号是通过音响、颜色、形状、位置、灯光等来表示

D. 有关行车人员必须严格执行

**4. 关于接发列车作业，下列说法正确的有（　　）。**

A. 必须站在《车站行车工作细则》规定地点

B. 应熟知站内一切行车设备

C. 向机车交递凭证时，须面向来车方向

D. 注意车辆运行、货物装载、篷布绳索状态

**5. 关于清扫道岔作业，下列说法正确的有（　　）。**

A. 清扫道岔前应得到车站值班员或有关人员同意

B. 清扫电气集中道岔或联动道岔，必要时应先将安全木楔置于尖轨与基本轨之间

C. 清扫后及时将清扫工具撤除

D. 及时向车站值班员或有关人员报告

**6. 关于列车乘务作业的要求，下列说法正确的有（　　）。**

A. 早报站　　B. 早组织旅客

C. 风挡处无重点旅客　　D. 车厢通道畅通

**7. 关于高铁动车组列车客运乘务员作业要求，下列说法正确的是（　　）。**

A. 按规定时间、地点参加出乘会

B. 在指定车厢立岗

C. 掌握重点旅客动态，落实“首问首诉”负责制

D. 在开车 10 min 内广播欢迎词

**8. 关于车站客运作业对消防工作要求，下列说法正确的有（　　）。**

A. 懂预防火灾的措施　　B. 懂扑救火灾的手段

C. 会使用消防器材　　D. 会扑救初起火灾

**9. 关于调车作业上下车必须遵守的规定，下列说法正确的有（　　）。**

A. 上、下车时速度均不得超过 20 km/h

B. 在站台上，上、下车时速度不得超过 10 km/h

C. 在高度超过 1.1 m 的站台上作业时，必须停车后上、下

D. 不准迎面上车

**10. 在车列、车辆走行中，应禁止的不良行为有（　　）。**

A. 在车钩上坐立　　B. 在棚车顶站立、行走

C. 骑坐车帮　　D. 进入线路提钩、摘管

**11. 调车作业要准确掌握速度和安全距离，下列说法正确的有（　　）。**

A. 在空线牵引运行时，不准超过 40 km/h；推进运行时，不准超过 30 km/h

B. 接近被连挂的车辆时，不准超过 5 km/h

C. 调动乘坐旅客的车辆时，不准超过 15 km/h

D. 在尽头线上调车时，距线路终端应有 3 m 的安全距离

**12. 关于溜放调车作业，下列说法正确的有（　　）。**

A. 站在车钩上

B. 一手抓牢车梯，一手提钩

C. 不准用脚提钩

D. 严禁在车列走行中抢越线路去反面提钩

**13. 下列属于动车组以外的列车司机在列车运行中必须全程运转的设备的有（　　）。**

A. 机车信号　　B. 列车无线调度通信设备

C. 列车运行监控装置　　D. 列尾装置

**14. 下列属于动车组列车司机在列车运行中，需要全程运转的设备的有（　　）。**

A. 机车信号　　B. 机车综合无线通信设备

C. 列车运行监控装置　　D. 列控车载设备

**15. 下列关于动车组列车正常情况在列车运行方向最前端司机室操纵的说法，正确的有（　　）。**

A. 非操纵端司机室门、窗及各操纵开关、手柄均应置于断开或锁闭位

B. 非操纵端司机室门、窗及各操纵开关、手柄均应置于开锁

C. 关闭非操纵端司机室机车综合无线通信设备电源

D. 开通非操纵端司机室机车综合无线通信设备电源

**16. 下列属于动车组随车机械师出乘前应配备的工具的有（　　）。**

A. GSM-R 手持终端　　B. 无线对讲设备

C. 响墩、火炬　　D. 短路铜线、信号旗（灯）

**17. 下列属于在线路上施工必须指定专人瞭望和防护的情形的有（　　）。**

A. 在路堑、曲线区段或影响视线的建筑物等不易瞭望处所作业时

B. 在长大桥梁、隧道及瞭望条件不良地段作业时

C. 在线路上使用养路、养桥机械时

D. 巡道人员在线路上巡道检查时

**18. 下列符合车辆系统作业安全要求的有（　　）。**

A. 确认动车组状态及安全防护满足相应作业条件后，方可进行作业

B. 作业时须严格执行电气作业、高处作业及其他相关劳动作业安全规定

C. 在运行途中，不允许下车作业时

D. 在运行途中，下车作业时，应严格执行申请、签认等相关作业安全规定

**19. 下列关于客车检车员作业安全的说法正确的有（　　）。**

A. 在客车整备所内作业，使用脱轨器时应执行“一看、二插、三确认、四监督、五反馈”制度，落实专人插撤

B. 股道列车两端（尽头线为来车一端）所在位置离脱轨器所在位置不足 20 m 时，原则上不使用电动脱轨器进行防护

C. 原则上不使用电动脱轨器进行防护

D. 应设置黄旗（白天）、黄灯（晚上）进行防护

**20. 客车检车员使用卷扬机或撬动车辆时，应掌握（　　），设专人指挥、瞭望，准备好制动措施。**

A. 线路坡度　　B. 停车位置

C. 作业工具　　D. 人员作业情况

**21. 下列关于铁路建设工程实施阶段关键节点风险管控的说法正确的有（　　）。**

A. 不得投掷传递工具

B. 不准将工具放在机械运转部位

C. 不准将工具放在机械蠕动部位

D. 不准将工具放在身前

**22. 在区间信号维修施工多人室外作业时，下列说法正确的有（　　）。**

A. 要设置专职安全防护人员

B. 制定现场安全措施

C. 驻站联络员与专职安全防护人员及时通报列车运行情况

D. 执行呼叫复诵制度

**23. 进行接触网作业，下列说法正确的有（　　）。**

A. 作业组全体成员必须戴安全帽、穿绝缘鞋

B. 工具及安全用具使用前均须进行检查，符合要求方可使用

C. 作业组有关人员应携带对讲机等通信工具并确保联系畅通

D. 高处作业必须系安全带

**24. 电气化铁路电务作业安全，下列说法正确的有（　　）。**

A. 维修信号设备扼流变压器时，应采取保证牵引回流畅通措施后，方可开始作业

B. 更换轨道电路绝缘时，应确认扼流变压器连接线各部连接良好后，方可开始作业

C. 通信电缆引入室内，应做绝缘接头，室外电缆金属护套及金属加强件应可靠接地

D. 断开综合接地贯通地线前，须在贯通地线纵向位置，装设一条截面不少于 50 $mm^2$ 的铜连接线，连接可靠方可开始作业

**25. 铁路建设工程明挖施工作业，下列说法正确的有（　　）。**

A. 基坑施工应编制专项施工方案，施工前进行专项安全技术交底

B. 爆破工程必须由具有相应资质的公司承担

C. 施工承包单位项目部必须编制应急预案，定期对预案进行演练

D. 基坑（槽）开挖深度超过 2 m 时，应按规定放坡

**26. 下列符合各种车辆和行人通过电气化铁路平交道口的要求有（　　）。**

A. 通过道口车辆限界及货物（从地面算起）装载高度不得超过 4.5 m

B. 通过平交道口车辆上部或其货物装载高度（从地面算起）超过 2 m 时，车辆上部及装载货物上严禁坐人

C. 行人持有长大、飘动等物件通过道口时，不得高举挥动

D. 行人持有长大、飘动等物件通过道口时，应与牵引供电设备带电部分保持 2 m 以上的距离

**27. 下列关于铁路营业线施工维修时对驻站联络员的要求，说法正确的有（　　）。**

A. 驻站联络员必须在室外作业人员出发前到达行车室开始防护

B. 驻站联络员确认室内外作业人员已全部离开作业区域，并到达指定安全地点后，方可终止防护

C. 驻站联络员在作业过程中必须严格执行作业标准，密切监视列车运行情况

D. 驻站联络员要及时、准确地把列车、调车动态告知现场防护员

**28. 下列关于电气化铁路施工作业的说法正确的有（　　）。**

A. 接触网工或操作员接到施工负责人收工指令后，要先拆除临时接地线

B. 接触网工或操作员接到施工负责人收工指令后，要先确认所有施工人员都已撤至安全地点，再拆除临时接地线

C. 拆除临时接地线之后，只可进行紧急施工

D. 拆除临时接地线之后，严禁再进行施工

**29. 下列关于铁路建设施工作业场地的说法正确的有（ ）。**

A. 施工现场应设置临时围护设施，实行半封闭式管理

B. 因特殊情况不能设置围护的，应当设置安全警示标志，并在工程险要处采取隔离措施

C. 基坑安全围栏必须结实、牢固，且距基坑边缘应不少于 1 m

D. 基坑四周应设统一的安全警示标志

**30. 下列符合铁路建设施工现场安装、使用临时电气线路和用电设施的要求的有（ ）。**

A. 必须符合安全操作规程的要求，由专业技术人员负责管理

B. 配电箱、开关箱等设施必须确定检修和维护责任人

C. 施工现场必须规范达标，要有明显标识和安全标志

D. 严禁乱接乱拉电线，线路不得有裸露、破损等情况

**31. 在铁路建设施工作业场地，用电机械设备安全防护装置必须（ ）。**

A. 齐全　　B. 灵敏

C. 可靠　　D. 关键

**32. 为了维护施工场地作业安全，当必须跨轨运输轻便物资时，（ ）。**

A. 应将物资集中到固定地点，设专职防护员，统一组织跨轨运输作业

B. 过轨作业人员下道避车必须及时

C. 各种机具、材料下道后，不得侵入铁路建筑接近限界

D. 应将物资集中到固定地点，设专职防护员，根据实际情况分批跨轨运输作业

**33. 下列符合铁路建设明挖施工作业时基坑环境安全的有（ ）。**

A. 基坑应设人员上下专用通道

B. 基坑通道应有防风措施，并保持通畅

C. 基坑内作业人员必须有安全可靠的立足点

D. 水平交叉作业时必须有隔离防护措施

**34. 下列符合铁路建设施工暗挖施工作业时照明、电气及通风安全的有（　　）。**

A. 洞内应照明充足，作业面照明应按规定使用标准电压

B. 洞内电线架空高度应符合要求

C. 洞内电缆不得拖地或浸泡在水中

D. 现场通风量应满足安全要求

**35. 要保证盾构机盾构掘进时安全需要做到（　　）。**

A. 盾构机始发前，应对洞口进行加固，对刀具等进行检查

B. 掘进中出现设备故障较小时，可以不停止施工

C. 盾构机作业区及隧道内应配备一定数量的消防设备

D. 动火作业严格执行动火审批制度，设专人监护

**36. 盾构机开仓必须在确保安全的前提下进行，更换刀具作业尽量选择在（　　）。**

A. 中间竖井　　B. 过站车站

C. 地质条件较好的地段　　D. 地层较稳定的地段

**37. 下列关于铁路建设高架桥张拉作业的说法正确的有（　　）。**

A. 预应力张拉前可以编制专项施工方案，并对作业人员进行安全技术交底

B. 张拉钢筋的两端必须设置挡板

C. 千斤顶、压力表等必须按规定进行检测、标定

D. 张拉作业时，作业人员必须遵守安全操作规程，配备劳动防护用品

**38. 下列关于铁路建设工程实施阶段关键节点风险管控的说法正确的有（　　）。**

A. 关键节点风险管控由建设、监理、施工、勘察、设计、第三方监测等单位全体作业人员参加

B. 施工单位对照经监理单位批准的关键节点识别清单，对关键节点施工前条件进行自检自评，符合要求的报监理单位

C. 建设单位（或委托监理单位）应依据相关制度规定和标准规范组织开展关键节点施工前条件核查

D. 通过核查的，方可进行关键节点施工

## 三、判断题

**1**. 当基本闭塞法不能使用时，应根据列车调度员的命令，采用调度命令行车。

（　　）

**2**. 行车有关人员在任职期间，须定期参加岗位适应性培训和业务考试，考试不合格的，可以先继续履职，后培训。

（　　）

**3**. 行车有关人员在任职前必须经过健康检查，身体条件不符合拟任岗位职务的，不得上岗作业。

（　　）

**4**. 在下雨或下雪等天气不良情况下，接发列车时，应站在安全位置。

（　　）

**5**. 扳道（清扫）作业人员不能进入道心。

（　　）

**6**. 若危险货物发生泄漏、渗漏、着火、冒烟等现象，货运（车号）员应迅速撤离至安全区域，严禁接触理化特性不明的危险货物。处理气体泄漏时，应站在下风处。

（　　）

**7**. 车站客运作业实行岗位“三定”（定员、定位、定责）管理。

（　　）

**8**. 通过列车速度在 120 km/h 以上时，不得在相邻线路列车通过一侧进行给水作业。

（　　）

**9**. 客运乘务人员在折返站停留时，外出时间短可以不办理请销假，但不允许过量饮酒。

（　　）

**10**. 列车乘务员区间停车作业，不需要防护。

（　　）

**11**. 高铁动车组乘务员遇列车晚点超过 15 min 和遇有临时停车时，加强车厢巡视，说明晚点原因。

（　　）

**12**. 调车作业使用手制动机时，必须使用安全带。

（　　）

**13**. 调车组带风作业时，必须执行一关、二摘、三提钩的作业程序。

（　　）

**14**. 动车组以外的列车司机要将列车运行中发生的问题报告给值班站长。

（　　）

**15**. 机车检修后、启动前应确认机车已设置止轮器，且各有关人员处于安全位置，方可启动，以防止车动伤人。

（　　）

**16**. 单机在自动闭塞区间紧急制动停车时，司机须立即通知后续列车司机、向两端站车站值班员（列车调度员）报告停车位置。

（　　）

**17**. 单机在自动闭塞区间紧急制动或被迫停在调谐区内时，司机须立即向列车调度员报告停车位置，并在轨道电路调谐区内使用短路铜线短接轨道电路。

（　　）

**18**. 动车组列车开车前，机车综合无线通信设备和 GSM-R 手持终端按规定注册列车车次，并确认正确。

（　　）

**19**. 动车组列车运行途中，司机不能使用机车综合无线通信设备、GSM-R 手持终端、无线对讲设备进行通话时，应在前方站停车报告。

（　　）

**20**. 动车组列车停车后，必须使列车保持制动状态。更换（同向换乘除外）或司机室操纵端、重联或摘解后再开车时，无须进行相关试验。

（　　）

**21**. 动车组列车等会列车时，应关闭辅助电源装置。

（　　）

**22**. 动车组随车机械师途中巡检需要执行的五字作业法为“巡、看、听、闻、联”。

( )

**23**. 线路两旁堆放货物，距钢轨头部外侧不得小于 1 m。

( )

**24**. 巡道工作业，上道巡检时应按规定穿着红马甲（套袖），并携带列车无线调度电话。

( )

**25**. 桥梁工作业，在坠落高度 2 m 以上高处及陡坡上作业，必须按规定戴好安全帽、系好安全带或安全绳。

( )

**26**. 区间或站内正线作业来车时，探伤工下道避车时，应距钢轨头部外侧距离不少于 1 m，设有避车台（洞）的桥梁（隧道）应进入避车台（洞）避车。

( )

**27**. 道口立岗作业避车，列车通过道口时，道口看守员必须提前出务立岗，立岗接车位置应距钢轨头部外侧 2 m 以上。

( )

**28**. 任何电气设备未经验电，一律视为无电。

( )

**29**. 在配电总盘及母线上进行作业时，在验明无电后应挂临时接地线，装拆接地线都必须由值班电工进行。

( )

**30**. 安装灯头时，开关必须接在零线上，灯口螺纹必须接在火线上。

( )

**31**. 登乘机车、动车组列车或其他旅客列车尾部对铁路全面检查，每月不少于一次。

( )

**32**. 电力设备检修作业，无论高压、低压均禁止带电操作。

( )

**33**. 电气化铁路区段房建、安全监控等室外设备金属箱体、外壳等均应安装牢固，除有专业特殊规定外，应可靠离地 1 m。

（　　）

**34.** 铁路营业线施工维修作业完毕，现场防护员必须在确认全部作业人员下道到达安全地点后，方准离开防护位置。

（　　）

**35.** 营业线施工时，作业人员不准走道心，要走枕木头。

（　　）

**36.** 严禁在接触网带电部分 2 m 内不停电作业。

（　　）

**37.** 电气化铁路施工时，除专业人员按规定作业外，任何人所携带的物件（包括长杆、扶梯等）应与接触网带电部位保持 1 m 以上的安全距离。

（　　）

**38.** 在铁道施工作业现场，易燃易爆危险品和有毒物品应按规定集中存放，专人负责，并有防火、防爆、防污染措施。

（　　）

**39.** 需要在封锁区间或限速运行条件下进行铁路建设施工时，应严格按照规定办理申请手续，取得同意、接到调度命令后方可进行施工，并要随时掌握行车动态。

（　　）

**40.** 利用天窗进行铁路建设施工时，施工负责人要与车站及近距离一端防护员建立可靠的通信联系。

（　　）

**41.** 铁路建设施工架子队应配备经过培训和考核，取得相应资格的专职电工。专职电工主要负责施工区动力、照明线路的架设及电气设备的安装、调试、维修工作。

（　　）

**42.** 参建人员在铁路建设施工中必须穿红色服装，施工人员严禁在铁路边点火烧荒。

（　　）

**43**. 进行室外施工时，禁止在钢轨上随便放置工器具，限界内不随意放置设备、材料或者施工机具。

（　　）

**44**. 明挖施工作业时，基坑开挖必须自上而下分层、分段进行，应在土方挖至设计位置后及时设置横撑或锚杆；

（　　）

**45**. 铁路建设明挖施工作业时，临时堆放的弃土、材料、机具、模板等距坑边一般不得小于 1 m，且堆放高度不得大于 2 m。

（　　）

**46**. 铁路建设暗挖施工作业时，洞内装土应有专人指挥，作业人员进入挖掘机回转半径内需要提前申请。

（　　）

**47**. 铁路建设暗挖施工作业时，井架提升系统必须经验收合格，起吊过程必须有持证司索工专门指挥。

（　　）

**48**. 盾构机施工作业时，根据盾构机的类型、地质条件和工程实际，制定盾构机安全操作规程，对作业人员进行上岗前技术培训。

（　　）

**49**. 遇台风、暴雨、雷暴和 5 级以上大风等恶劣天气时，应停止高处作业，以及起重吊装、架梁安装等施工作业。

（　　）

**50**. 施工承包单位项目部不允许在轨行区内使用任何易燃易爆危险品。

（　　）

# 参考答案与解析

## 一、单项选择题

1. **【参考答案】** D

**【解析】**《中华人民共和国安全生产法》第五条规定，生产经营单位的主要负责人是本单位安全生产第一责任人，对本单位的安全生产工作全面负责。其他负责人对职责范围内的安全生产工作负责。故选D。

2.【参考答案】C

【解析】《铁路技术管理规程》（普速铁路部分）第225条规定，列车运行图是铁路行车组织工作的基础。所有与列车运行有关的铁路各部门，必须按列车运行图的要求，组织本部门的工作，以保证列车按运行图运行。故选C。

3.【参考答案】B

【解析】《铁路技术管理规程》（普速铁路部分）第231条规定，指挥列车运行的命令（运行揭示调度命令除外）和口头指示，只能由列车调度员发布。故选B。

4.【参考答案】D

【解析】《铁路技术管理规程》（普速铁路部分）第240条规定，行车有关人员在任职、提职、改职前，必须按照铁路职业技能培训规范要求，进行拟任岗位资格性培训，并经职业技能鉴定和考试考核，取得相应职业资格证书和岗位培训合格证书后，方可任职。故选D。

5.【参考答案】A

【解析】调车作业人身安全标准要求，上车时车速不得超过15 km/h；下车时车速不得超过20 km/h。故选A。

6.【参考答案】D

【解析】《铁路技术管理规程》（普速铁路部分）第293条规定，在空线上牵引运行时，不准超过40 km/h；推进运行时，速度不得超过30 km/h。故选D。

7.【参考答案】A

【解析】《铁路技术管理规程》（普速铁路部分）第293条规定，调车作业在接近被连挂的车辆时，不准超过5 km/h。故选A。

8.【参考答案】A

【解析】《铁路技术管理规程》（普速铁路部分）第293条规定，电力机车、动车组在有接触网终点的线路上调车时，应控制速度，距接触网终点标应有10 m的安全距离。故选A。

9.【参考答案】A

【解析】动车组以外的列车司机在列车运行途中，遇列尾装置、机车信号、列车运行监控装置（轨道车运行控制设备）发生故障时，司机应立即使用列车无线调度通信设备报告车站值班员或列车调度员，并根据实际情况掌握速度运行；遇机车信号、列车运行监控装置（轨道车运行控制设备）发生故障时，司机应控制列车运行至前方站停车处理或请求更换机车，在自动闭塞区间，列车运行速度不超过 20 km/h。故选 A。

10.【参考答案】D

【解析】动车组列车按列车运行监控装置方式行车时，遇机车信号、列车运行监控装置发生故障，应根据实际情况掌握速度运行，运行至前方车站停车处理；在自动闭塞区间，机车信号、列车运行监控装置发生故障，列车运行速度不超过 40 km/h。故选 D。

11.【参考答案】C

【解析】动车组列车按列控车载设备方式行车时，遇列控车载设备发生故障，应根据调度命令停车转为列车运行监控装置方式或隔离模式运行；转为隔离模式运行时，列车运行速度不超过 40 km/h。故选 C。

12.【参考答案】D

【解析】检修机车动车前，司机、交车工长和调车人员按职责检查机车是否具备走车条件，有无作业人员和障碍物，动车时由交车工长单一指挥。进行柴油机启动空载试验前，司机必须先断开机控开关、励磁开关或走车隔离开关，机车实行全制动。故选 D。

13.【参考答案】D

【解析】动车组随车机械师一次作业标准中要求，出乘巡检作业时，必须运用“三必五字”作业方法（必看、必指、必呼，听、看、闻、巡、联），提高作业效率和巡检效果。故选 D。

14.【参考答案】D

【解析】动车组地勤机械师一次作业标准中要求，严格一级检修作业标准，对运用动车组的车顶、车底、车体两侧、车内和司机室等部位实施快速例行检查、试验和故障处理等检修作业，须在动车所检查库内实施。严格二级检修作业标准，对动车组各系统、零部件实施周期性维护保养、检测、试验。故选 D。

15.【参考答案】D

【解析】车辆乘务人员行车工作要求，车辆乘务员发现有车辆燃轴或重要部件损坏、列车发生火灾、有人从列车上坠落或线路内有人死伤以及其他危及行车和人身安全情形时，应使用紧急制动阀（紧急制动装置）停车。动车组列车遇上述情况时，应立即报告司机采取停车措施；来不及报告时，应使用客室紧急制动装置停车。列车无线调度通信设备故障，不构成危及行车和人身安全情形，D项错误。故选D。

16.【参考答案】B

【解析】客车检车员作业，车辆在进行带电设备及线路检查维修时，要落实好“禁电优先”的原则，严格执行停电检修、挂牌和监护等制度。需带电检查维修时，应双人作业，一人维修、一人监护，作业者要规范穿戴好绝缘鞋、绝缘手套等防护用品。故选B。

17.【参考答案】A

【解析】货车检车员作业标准要求，检查作业中列检人员在两侧平行作业时前后不超过一个转向架，并保持相互联系。故选A。

18.【参考答案】D

【解析】货车检车员检修列车过程中，使用脱轨器时，前后两端防护距离不得少于20 m（固定脱轨器除外），必须严格执行联防制度，做到一人插撤、一人确认监督。在同一线上同时有两列车编组时，车辆检查人员不准作业。故选D。

19.【参考答案】D

【解析】货车检车员作业要求，处理车辆制动故障时，必须先关闭截断塞门，排净副风缸余风后方可进行。故选D。

20.【参考答案】D

【解析】车辆钳工作业要求，使用各种机具架落车作业，要严格执行鸣笛和呼唤应答制度，专人指挥。故选D。

21.【参考答案】D

【解析】线路工作业安全要求，多组捣固机械同时捣固时，前后距离不得少于3 m，走行应保持同步。故选D。

22.【参考答案】A

【解析】线路工作业的“一员四手”（防护员、起道机手、直轨器手、轨缝调整器手和捣固机手），必须经安全技术考试合格，持证上岗。故选A。

23.【参考答案】A

【解析】铁路工务安全规则规定，线路工作业，本线来车安全下道避车的距离，$v_{max}$ ≤ 60 km/h 时，不小于 500 m；60 km/h < $v_{max}$ ≤ 120 km/h 时，不小于 800 m；120 km/h < $v_{max}$ ≤ 160 km/h 时，不小于 1 400 m；160 km/h < $v_{max}$ ≤ 200 km/h 时，不小于 2 000 m。故选 A。

24.【参考答案】D

【解析】铁路工务安全规则规定，线路工作业，邻线（线间距不足 6.5 m）来车安全下道避车的距离，本线不封锁时，邻线 $v_{max}$ ≤ 60 km/h 时，本线可不下道；60 km/h <邻线 $v_{max}$ ≤ 120 km/h 时，来车可不下道，但本线必须停止作业；邻线 $v_{max}$ > 120/h 时，下道距离不小于 1 400 m；瞭望条件不良，邻线来车时本线必须下道。故选 D。

25.【参考答案】D

【解析】铁路工务安全规则规定，线路工作业，分组打道钉时，前后距离应不小于 6 根枕木。故选 D。

26.【参考答案】D

【解析】铁路工务安全规则规定，巡道工作业，上道巡检时应按规定穿着醒目的防护黄马甲（套袖），并携带列车无线调度电话。夜间要携带点燃两面灯光的信号灯。信号灯熄灭时应走路肩。故选 D。

27.【参考答案】A

【解析】铁路工务安全规则规定，桥梁工作业，在坠落高度基准面 2 m 及以上高处及陡坡上作业，必须按规定戴好安全帽、系好安全带或安全绳。安全带、安全绳每次使用前必须详细检查。使用单位每半年对安全带、安全绳做一次检测。故选 A。

28.【参考答案】A

【解析】电务作业安全防护要求，任何电气设备未经验电，一律视为有电，不准身体触及。工作前，必须检查工具、测量仪表、防护用具是否完好。每次维修结束时，必须清点所带工具、零件。电气设备的金属外壳必须接地（接零），接地线要符合标准。故选 A。

29.【参考答案】C

【解析】电务作业安全防护要求，电气设备及其带动的机械部分需要修理时，不准在运转中拆卸修理，必须在停车后切断设备电源，取下熔管，挂上“禁止合闸，有人工作”的标示牌，并验明无电后，方可进行工作。故选C。

30.【参考答案】C

【解析】依据电务作业安全规定，一般不应带负荷断电和接电，断开导线时应先断开火线，后断开地线，搭线时，接电时，先接地线（先接零线），后接火线（后接相线）。故选C。

31.【参考答案】D

【解析】依据电务作业安全规定，在信号维修、施工作业中，要认真执行“三不动”安全制度（未登记联系好不动；对设备性能、状态不清楚不动；正在使用中的设备不动）。故选D。

32.【参考答案】A

【解析】依据电务作业安全规定，在信号维修、施工作业中，要认真执行“三不离”安全制度（工作完成后，不彻底试验良好不离开；影响设备正常使用的故障未修好不离开；发现设备有异状时，未查清原因不离开）。故选A。

33.【参考答案】D

【解析】依据电务作业安全规定，在信号维修、施工作业中，处理设备故障时，要做到“三清”：时间清、地点清、原因清。故选D。

34.【参考答案】A

【解析】依据电务作业安全规定，信号工在高柱信号机上作业须使用安全带，禁止机上、机下同时作业；不得将工具、材料放在信号机上；不准抛递工具、材料；列车通过时，禁止在股道两侧信号机上停留。不准人扛、手提笨重物品攀登信号机。故选A。

35.【参考答案】D

【解析】依据电务作业安全规定，信号工对带有220 V及其以上电压的信号设备进行作业时，应切断电源或双人作业；设备停电作业时，须指派专人负责断电，并须在电源开关处悬挂停电作业牌。故选D。

36.【参考答案】D

【解析】依据电务作业安全规定，在站内、区间信号维修施工作业，要时刻注意瞭望列车的运行，根据站场线路布置建立作业安全岛（或选好避车点）。故选D。

37.【参考答案】C

【解析】依据电务作业安全规定，多人室外作业时，要设置专职安全防护人员，并制定现场安全措施。驻站联络员与专职安全防护员要及时通报列车运行情况，执行呼叫复诵制度。故选C。

38.【参考答案】D

【解析】《铁路电力安全工作规程》要求，电力设备作业时，必须采用下列安全组织措施：认真执行工作票制度（包括口头命令或电话命令）；认真执行工作许可制度；认真执行工作监护制度；认真执行工作间断和转移工地制度；认真执行工作终结恢复送电制度。故选D。

39.【参考答案】A

【解析】《铁路电力安全工作规程》要求，电力设备作业时，禁止超时停、送电；在登杆作业时，必须确认该线路是停电线路；单人巡线时，禁止攀登电杆、变压器工作台和接近地线；必须学会紧急救护法；在检测电缆绝缘后，必须进行彻底放电，方可进行其他作业。故选A。

40.【参考答案】A

【解析】《铁路电力安全工作规程》要求，电力设备作业时，电器设备使用的开关，必须垂直安装，闸刀、铁壳开关距离地面不得小于1.3 m，严禁在闸刀上接挂电线，闸刀开关各部件必须齐全良好；检修作业，无论高压、低压均禁止带电操作，停电作业时，应在箱门或隔离开关把手上挂上警示牌；配电箱等各种电气设备的金属外壳，均应按不同要求设保护性接地或接零，但不准在同一供电系统上有的接地、有的接零；送电前必须通知现场有关施工人员，照明采用三相四线制供电时，应先送单项电源试验，一切正常后，方可三相送电。故选A。

41.【参考答案】A

【解析】《铁路电力安全工作规程》要求，从事接触网作业人员，必须实行安全等级制度。经过考试评定安全等级，取得安全合格证后，方准许参加相应的接触网运行、检修和施工工作。故选A。

42.【参考答案】D

【解析】《铁路电力安全工作规程》要求，对接触网进行检修必须停电进行，停电作业时，除具备规定的工作票外，还必须有值班电力调度员批准的作业命令。故选D。

43.【参考答案】D

【解析】《铁路电力安全工作规程》要求，接触网的巡视工作要求，巡视不少于两人，其中一人的安全等级不低于三级。故选 D。

44.【参考答案】A

【解析】《铁路电力安全工作规程》要求，接触网停电作业工作票有效期不得超过 3 个工作日。作业结束后，工作领导人要将工作票和相关命令票交工班统一保管。所有工作票保存时间不少于 12 个月。故选 A。

45.【参考答案】D

【解析】《铁路电力安全工作规程》要求，接触网停电作业，工作票签发人、工作领导人安全等级均不低于四级。故选 D。

46.【参考答案】A

【解析】《铁路电力安全工作规程》要求，接触网停电作业时，每个监护人的监护范围一般不超过 2 个跨距，在同一组软（硬）横跨上作业时不超过 4 条股道，在相邻线路同时作业时，要分别派监护人各自监护。故选 A。

47.【参考答案】D

【解析】依据《铁路电力安全工作规程》，供电作业安全要求，每个作业组在停电作业前由施工负责人负责在主站办理进场作业清点、销点登记；同一作业项目在多个作业点进行作业时，该作业项目除在主站配备施工负责人外，各辅站的作业需配备施工责任人；作业组在接到停电作业命令后，须先验电接地，然后方可作业。几个作业组同时作业时，每一个作业组必须分别设置安全防护措施，分别向电力调度员申请停电命令。故选 D。

48.【参考答案】D

【解析】依据《铁路电力安全工作规程》，供电系统作业安全要求，电力调度员发布停电作业命令时，受令人逐句认真复诵，经确认无误后，方可给命令编号和批准时间；在发、受停电命令时，发令人要将命令内容等记入“作业命令记录与统计”中，受令人要将命令内容填写入接触网停电作业命令。几个作业组同时作业时，应分别向电力调度员申请停电命令。作业组在接到停电作业命令后，须先验电接地，然后方可作业。故选 D。

49.【参考答案】D

【解析】《铁路电力安全工作规程》要求，供电系统作业，验电和装拆接地线，必须由两人进行；一人操作，一人监护；操作人员必须戴安全帽、绝缘手套和穿绝缘靴，借助绝缘杆进行作业。操作人员安全等级不低于二级，监护人员安全等级不低于三级。故选D。

50.【参考答案】D

【解析】《铁路电力安全工作规程》要求，供电系统作业，工作票中规定的作业任务完成后，由工作领导人确认具备送电、行车条件；将作业人员、机具、材料撤至安全地带并清点确认后，安排拆除接地线；确认具备送电、行车条件后，工作领导人向电力调度员汇报后请求消除停电作业命令。故选D。

51.【参考答案】D

【解析】依据《铁路电力安全工作规程》，变电所配电工作业安全要求，操作高压电气设备时，作业人员必须使用合格的绝缘工具，戴绝缘手套，穿绝缘靴或站在绝缘台上，手持式电气设备向操作手柄和工作中必须接触的部分应绝缘良好。操作高压电气设备必须两人执行，一人操作，一人监护，作业时必须执行监护制度。故选D。

52.【参考答案】A

【解析】依据《铁路电力安全工作规程》，变电所配电工作业安全要求，高压线路倒闸作业时，必须实行操作制度和监护制度，作业人员必须填写操作票。发现电气设备危及人身安全时应立即停电。高压停送电操作时，严格执行“谁停电、谁送电”的停电制度。断开了的隔离开关的操作机构必须锁住，并在操作手柄上悬挂“有人作业，禁止合闸”的标志牌。故选A。

53.【参考答案】D

【解析】依据《电气化铁路有关人员电气安全规则》，电气化铁路接发列车及调车作业安全要求，电气化铁路接触网停电检修时，禁止向停电区放行电力机车及动车组。司机发现不符合此项规定时，应立即降下受电弓并停车。故选D。

54.【参考答案】D

【解析】依据《电气化铁路有关人员电气安全规则》，电气化铁路货运、装卸作业安全要求，装卸货物线的接触网隔离开关平时要处于合闸状态，雨、雪、雾、霾等恶劣天气下，严禁处于分闸状态。需停电装卸作业时，必须先断开隔离开关，停电后，在指定的货物线安全区域标志内进行装卸作业。装卸作业结束，确认所有人员已至安全地带后，方能合上隔离开关。在装卸线的分段绝缘器内侧 2 m 处设安全区域标志。故选 D。

55.【参考答案】A

【解析】依据《电气化铁路有关人员电气安全规则》，电气化铁路机车、动车、车辆作业安全要求，电气化铁路区段各车站给水线、电力机车整备线和动车组整备线，在分段绝缘器内侧 2 m 处应设安全区域标志。电气化铁路区段，当动车组在运行途中发生故障，动车组司机需上车顶作业时，严格办理停电手续并做好安全防护措施后，方能作业。在电气化区段运行的机车、动车、车辆及自轮运转设备可以攀登到车顶或作业平台的梯子、天窗等处所，均应有“电气化区段严禁攀登”的警告标志。故选 A。

56.【参考答案】D

【解析】依据《电气化铁路有关人员电气安全规则》，电气化铁路工务作业安全要求，断开、更换钢轨、拆换接头夹板或调整轨缝前应在钢轨两端轨节间纵向位置，安设一条截面面积不少于 70 $mm^2$ 的铜连接线，连接可靠方可开始作业。工务作业需拆开接触网接地线、吸上线，电务扼流变钢轨引线等设备时，应由专业设备管理单位按设备分界进行作业，并及时恢复。电气化铁路区段声屏障、风屏障、栅栏等金属体结构部分应可靠接地。大型养路及施工机械作业，如施工机械不超出机车车辆上部限界，且作业人员及所持机具与接触网带电部分保持 2 m 以上距离时，接触网可不停电。不符合上述条件时，应按照规定办理停电手续并做好安全防护措施后，方能作业。故选 D。

57.【参考答案】D

【解析】依据《电气化铁路有关人员电气安全规则》，电气化铁路牵引供电停电作业时，专业作业人员（包括所持的机具、材料、零部件等）与周围带电设备的距离不得小于下列规定：330 kV 不得小于 5 m；220 kV 不得小于 3 m；110 kV 不得小于 1.5 m；25 kV 和 35 kV 不得小于 1 m；10 kV 及以下不得小于 0.7 m。故选 D。

58.【参考答案】D

【解析】依据《电气化铁路有关人员电气安全规则》，电气化铁路牵引供电、电力作业，从事牵引供电工作的有关人员，实行安全等级管理制度。各种受力和绝缘工具应有合格证并定期进行试验。利用“V”形天窗进行检修和事故抢修时，应增设接地线。接触网的检修作业分为停电作业、间接带电作业、远离作业。故选D。

59.【参考答案】D

【解析】依据《电气化铁路有关人员电气安全规则》，电气化铁路牵引供电、电力作业，撤除相邻线供电（馈线）臂的重合闸。在牵引供电回路开口作业时，应事先采取旁路、等电位措施。吸上线与钢轨及扼流变中性点连接处确需拆卸作业时，必须采取旁路措施，按分界由专业设备管理部门配合。利用“V”形天窗进行检修和事故抢修时，应增设接地线。故选D。

60.【参考答案】A

【解析】依据《电气化铁路有关人员电气安全规则》，电气化铁路牵引供电、电力作业安全要求，电气化铁路区段进行架空电力线路维修、施工作业时，在与铁路长距离平行作业区段内至少每隔1 km加装1组接地线。故选A。

61.【参考答案】D

【解析】依据《电气化铁路有关人员电气安全规则》，电气化铁路附近发生火灾时，须遵守下列规定：距牵引供电设备带电部分不足4 m的燃着物体，使用水或灭火器灭火时，牵引供电设备必须停电。距牵引供电设备带电部分超过2 m的燃着物体，使用沙土灭火时，牵引供电设备可不停电，但须保持灭火机具及沙土等与带电部分的距离在2 m以上。故选D。

62.【参考答案】D

【解析】凡在营业线进行各类施工，在行车室和施工现场应设置驻站联络员和现场防护员；防护员从作业人员离开班组或指定地点直至全部返回过程中，必须不间断防护（含往返路程）；现场防护员必须做到“最先上道，最后下道”。防护员必须是相应工种岗位上的在职职工，并经过营业线施工安全知识培训考试合格，持证上岗。故选D。

63.【参考答案】D

【解析】施工人员必须经培训合格上线作业；严禁无安全协议进行施工；严禁无施工负责人、无安全技术交底、无防护进行施工作业。故选D。

64.【参考答案】A

【解析】作业人员所带工具、材料不准侵入供电、带电设备2 m禁区。故选A。

65.【参考答案】A

【解析】电气化铁路施工，在距接触网带电部位不到 1 m 的建筑物上作业，施工单位应提前一周提出申请。故选 A。

66.【参考答案】D

【解析】铁路大型机械施工现场，必须严格做到“五个一”即：一机、一人（专职防护员）、一本（机械施工日志）、一牌（设备标识牌）、一证（机械操作证）。故选 D。

67.【参考答案】A

【解析】铁路施工作业场地安全要求，架空线路两侧各 10 m 内和地下电缆两侧各 3 m 内不得建房搭棚。故选 A。

68.【参考答案】D

【解析】铁路施工作业场地安全要求，在与既有线并行地段进行作业时，不得侵入铁路建筑接近限界。邻近既有线施工时，要设立距钢轨不小于 2 m 的限界标志，不得侵入机车车辆限界标志。施工机械在既有线路堑高坡上推土作业时，在靠近既有线一侧应留出不小于 2 m 厚的隔墙，以防止施工机械滑向既有线。组织跨轨运输作业，过轨作业人员应在列车距工地不小于 300 m 时及时下道避车，各种机具材料下道后，不得侵入铁路建筑接近限界。故选 D。

69.【参考答案】B

【解析】盾构机开仓作业必须经监理单位审批，作业人员必须根据程序确认表做好记录。故选 B。

70.【参考答案】B

【解析】轨行区施工管理安全要点：①进入轨行区的单位和个人必须服从现场调度员的指挥；②轨行区内的各项工程必须严格按施工方案进行施工；③作业人员应从规定的出入口进出工地，不得单独进入线路区间、车站轨行区。故选 B。

## 二、多项选择题

1.【参考答案】ABCD

【解析】《铁路技术管理规程》（普速铁路部分）第 225 条规定，列车运行图是铁路行车组织工作的基础。所有与列车运行有关的铁路各部门，必须按列车运行图的要求，组织本部门的工作，以保证列车按运行图运行。故选 ABCD。

2.【参考答案】ABC

【解析】《铁路技术管理规程》(高速铁路部分)第 209 条规定，行车工作必须坚持集中领导、统一指挥、逐级负责的原则。故选 ABC。

3.【参考答案】ABCD

【解析】《铁路技术管理规程》(普速铁路部分)第 408 条规定，信号是指示列车运行及调车作业的命令，它通过音响、颜色、形状、位置、灯光等来表示，行车人员必须严格执行，任何单位、个人不得违反。故选 ABCD。

4.【参考答案】ABCD

【解析】接发列车时，必须站在《车站行车工作细则》规定地点，随时注意邻线机车、车辆动态；应熟知站内一切行车设备，并随时注意使用情况；向机车交递凭证时，须面向来车方向，交后迅速回到安全位置；接发列车要目迎目送，并注意车辆运行、货物装载、篷布绳索状态，防止意外伤人。故选 ABCD。

5.【参考答案】ABCD

【解析】扳道(清扫)作业要求，清扫道岔前应得到车站值班员或有关人员同意，清扫电气集中道岔或联动道岔，必要时应先将安全木楔置于尖轨与基本轨之间。清扫后及时将清扫工具撤除，并向车站值班员或有关人员报告。故选 ABCD。

6.【参考答案】ABCD

【解析】列车乘务作业要求，应做到，三早：早报站、早组织旅客、早出场。三无：风挡处无长途旅客、无重点旅客、无大件携带品。一畅通：车厢通道畅通。故选 ABCD。

7.【参考答案】ABC

【解析】高铁动车组列车客运乘务员作业要求，按规定时间、地点参加出乘会，列队上站台接车，带齐规定备品、资料；在指定车厢立岗，迎接旅客上车；掌握重点旅客动态，落实“首问首诉”负责制。在开车 5 min 内广播欢迎词及相关内容。到站前 5 min，提醒旅客做好下车准备。故选 ABC。

8.【参考答案】ABCD

【解析】车站客运作业对消防工作要求，车站客运人员对消防工作应做到“三懂”“三会”：懂本岗位火灾的危害性，懂预防火灾的措施，懂扑救火灾的手段；会报警，会使用消防器材，会扑救初起火灾。故选 ABCD。

9.【参考答案】BCD

【解析】调车作业上下车规定，上车时速度不得超过 15 km/h；下车时速度不得超过 20 km/h。在站台上，上、下车时速度不得超过 10 km/h；在路肩窄、路基高的线路上和高度超过 1.1 m 的站台上作业时，必须停车后上、下；不准迎面上车；不准反面上下车（牵出时最后一辆除外）。故选 BCD。

10.【参考答案】ABCD

【解析】调车作业防护要求，在车列、车辆走行中，应重点禁止以下行为：在车钩上，或平车、砂石车及无扶手的罐车边端或端板支架上坐立；在棚车顶或装载超出车帮的货物上站立、行走；在车梯上探身过远，或经站台时站在低于站台的车梯上；骑坐车帮；跨越车辆（使用对口闸除外）；进入线路提钩、摘管或调整钩位等。故选 ABCD。

11.【参考答案】ABC

【解析】《铁路技术管理规程》（普速铁路部分）第 293 条规定，调车作业要准确掌握速度和安全距离，并遵守以下规定：在空线牵引运行时，不准超过 40 km/h；推进运行时，不准超过 30 km/h；接近被连挂的车辆时，不准超过 5 km/h；调动乘坐旅客的车辆时，不准超过 15 km/h。在尽头线上调车时，距线路终端应有 10 m 的安全距离。故选 ABC。

12.【参考答案】BCD

【解析】溜放调车作业应站在车梯上，一手抓牢车梯，一手提钩，不准用脚提钩或跟车边跑边提钩（驼峰调车作业除外），严禁在车列走行中抢越线路去反面提钩。故 BCD。

13.【参考答案】ABCD

【解析】动车组以外的列车司机在列车运行中，机车信号、列车无线调度通信设备、列车运行监控装置（轨道车运行控制设备）和列尾装置必须全程运转，严禁擅自关机。故选 ABCD。

14.【参考答案】ABCD

【解析】动车组列车司机在列车运行中，机车信号、机车综合无线通信设备、列车运行监控装置、列控车载设备必须全程运转，严禁擅自关机、隔离。故选 ABCD。

15.【参考答案】AC

【解析】动车组列车正常情况下，在列车运行方向最前端司机室操纵，非操纵端司机室门、窗及各操纵开关、手柄均应置于断开或锁闭位。关闭非操纵端司机室机车综合无线通信设备电源。故选 AC。

16.【参考答案】ABCD

【解析】动车组随车机械师一次作业标准中要求，随车机械师应配备 GSM-R 手持终端和无线对讲设备及响墩、火炬、短路铜线、信号旗（灯）等。故选 ABCD。

17.【参考答案】ABC

【解析】线路施工作业要求，在线路上施工有下列情况的，必须指定专人瞭望和防护：在路堑、曲线区段或影响视线的建筑物等不易瞭望处所作业；在长大桥梁、隧道及瞭望条件不良地段作业；在线路上使用养路、养桥机械；在线路和道岔焊补、打磨、探伤钢轨以及搬运笨重料具穿越线路、桥梁、隧道或道岔群等。故选 ABC。

18.【参考答案】ABD

【解析】车辆系统作业安全要求：①确认动车组状态及安全防护满足相应作业条件后，方可进行作业；②作业时须严格执行电气作业、高处作业及其他相关劳动作业安全规定；③在运行途中，下车作业时，应严格执行申请、签认等相关作业安全规定。故选 ABD。

19.【参考答案】ABC

【解析】客车检车员作业安全要点：在客车整备所内作业，使用脱轨器时应执行“一看、二插、三确认、四监督、五反馈”制度，落实专人插撤。股道列车两端（尽头线为来车一端）所在位置离脱轨器所在位置不足 20 m 时，原则上不使用电动脱轨器进行防护，应设置红旗（白天）、红灯（晚上）进行防护。故选 ABC。

20.【参考答案】ABD

【解析】使用卷扬机或撬动车辆时，应掌握线路坡度、停车位置和人员作业情况，设专人指挥、瞭望，准备好制动措施。故选 ABD。

21.【参考答案】ABC

【解析】车辆钳工作业时，不得投掷传递工具，不准将工具放在机械运转、蠕动部位及其他容易坠落和不安全的地方。故选 ABC。

22.【参考答案】ABCD

【解析】在站内、区间信号维修施工作业，多人室外作业时，要设置专职安全防护人员，并制定现场安全措施。驻站联络员与专职安全防护人员及时通报列车运行情况，执行呼叫复诵制度。故选 ABCD。

23.【参考答案】ABCD

【解析】进行接触网作业时，作业组全体成员必须戴安全帽、穿绝缘鞋，穿带高可见度的荧光条的工作服（或荧光背心），作业组有关人员应携带对讲机等通信工具并确保联系畅通。高处作业必须系安全带。工具及安全用具使用前均须进行检查，符合要求方可使用。故选 ABCD。

24.【参考答案】ABC

【解析】电气化铁路电务作业安全要求，维修或更换信号设备扼流变压器，中心连接板，轨道电路送、受电的扼流变压器引接线，站内横向连接线等器件时，应按规定采取保证牵引回流畅通措施后，方可开始作业。信号设备更换轨道电路绝缘时，应确认扼流变压器连接线各部连接良好后，方可开始作业。通信电缆（含光电综合缆）引入室内，应做绝缘接头，将外护套（或屏蔽层）和金属加强件可靠断开，室外电缆（含光电综合缆）的金属护套及金属加强件应可靠接地。断开综合接地贯通地线前，须在贯通地线纵向位置，装设一条截面面积不少于 70 $mm^2$ 的铜连接线，连接可靠方可开始作业。D 项错误。故选 ABC。

25.【参考答案】ABC

【解析】铁路建设工程明挖施工作业，基坑施工应编制专项施工方案，施工前进行专项安全技术交底；爆破工程必须由具有相应资质的公司承担；施工承包单位项目部必须编制应急预案，定期对预案进行演练。基坑（槽）开挖深度不足 2 m，应按规定放坡。超过 2 m 时，应有临边防护措施。故选 ABC。

26.【参考答案】ABCD

【解析】各种车辆和行人通过电气化铁路平交道口必须遵守下列规定：①通过道口车辆限界及货物（从地面算起）装载高度不得超过 4.5 m，超过时，应绕行立交道口或进行货物倒装；②通过平交道口车辆上部或其货物装载高度（从地面算起）超过 2 m 时，车辆上部及装载货物上严禁坐人；③行人持有长大、飘动等物件通过道口时，不得高举挥动，应与牵引供电设备带电部分保持 2 m 以上的距离。故选 ABCD。

27.【参考答案】ABCD

【解析】驻站联络员必须在室外作业人员出发前到达行车室开始防护；确认室内外作业人员已全部离开作业区域，并到达指定安全地点后，方可终止防护。驻站联络员在作业过程中必须严格执行作业标准，密切监视列车运行情况，与车站值班员加强联系，随时掌握列车运行和调车作业动态，及时、准确地把列车、调车动态告知现场防护员，监督作业人员及时停止作业，下道避车。故选ABCD。

28.【参考答案】BD

【解析】电气化铁路施工结束，接触网工或操作员接到施工负责人收工指令后，要先确认所有施工人员都已撤至安全地点，再拆除临时接地线，并通知调度员，告知施工已经结束。拆除临时接地线之后，严禁再进行施工。故选BD。

29.【参考答案】BCD

【解析】铁路建设施工现场应设置临时围护设施，实行封闭式管理，非施工人员不得擅自进入施工现场。因特殊情况不能设置围护的，应当设置安全警示标志，并在工程险要处采取隔离措施。基坑安全围栏必须结实、牢固，且距基坑边缘应不少于1 m，四周应设统一的安全警示标志。故选BCD。

30.【参考答案】ABCD

【解析】施工现场安装、使用临时电气线路和用电设施的，必须符合安全操作规程的要求，由专业技术人员负责管理，配电箱、开关箱等设施必须确定检修和维护责任人。施工现场必须规范达标，要有明显标识和安全标志。严禁乱接乱拉电线，线路不得有裸露、破损等情况。故选ABCD。

31.【参考答案】ABC

【解析】施工作业现场的施工机械设备应当停放有序。特种施工机械设备手续完整、档案齐备。用电机械设备安全防护装置必须齐全、灵敏、可靠。严禁施工机械设备超载和带“病”运行。故选ABC。

32.【参考答案】ABC

【解析】为了维护施工场地作业安全，当必须跨轨运输轻便物资时，应将物资集中到固定地点，设专职防护员，统一组织跨轨运输作业。过轨作业人员下道避车必须及时，各种机具、材料下道后，不得侵入铁路建筑接近限界。故选ABC。

33.【参考答案】AC

【解析】铁路建设明挖施工作业时，作业环境安全要点：①基坑应设人员上下专用通道，通道应有防滑措施，并保持通畅；②基坑内作业人员必须有安全可靠的立足点，垂直交叉作业时必须有隔离防护措施；③基坑内作业环境应具有足够的照明。故选AC。

34.【参考答案】BC

【解析】铁路建设施工照明、电气及通风安全要点：①洞内应照明充足，作业面照明应按规定使用安全电压；②洞内电线架空高度应符合要求，电缆不得拖地或浸泡在水中；③现场通风量应满足设计要求。故选BC。

35.【参考答案】ACD

【解析】盾构掘进安全要点：①盾构机始发前，应对洞口进行加固，对刀具等进行检查；②掘进中出现设备故障等情况时，必须暂停施工；③盾构机作业区及隧道内应配备一定数量的消防设备；④动火作业严格执行动火审批制度，设专人监护；⑤气压作业人员应进行专门的体格检查和培训；⑥气压作业区与常压作业区之间、地面各相关部门之间均应保持可靠的通信联系；⑦地面空气压缩机站和气压作业区应保证有来自不同变电系统的双电源供电，保证施工安全；⑧必须对盾构机及其配套设备进行日常和定期保养与维修。故选ACD。

36.【参考答案】ABCD

【解析】盾构机开仓必须在确保安全的前提下进行，更换刀具作业应尽量选择在中间竖井、过站车站或地质条件较好、地层较稳定的地段进行。故选ABCD。

37.【参考答案】BCD

【解析】铁路建设高架桥预应力张拉安全要点包含：①预应力张拉前必须编制专项施工方案，并对作业人员进行安全技术交底；②张拉钢筋的两端必须设置挡板；③张拉作业前必须对张拉设备进行检查，千斤顶、压力表等必须按规定进行检测、标定，锚具与夹具必须通过试验检验；④张拉作业时，作业人员必须遵守安全操作规程，配备劳动防护用品。故选BCD。

38.【参考答案】BCD

【解析】铁路建设工程实施阶段关键节点风险管控程序包括：①关键节点风险管控由建设、监理、施工、勘察、设计、第三方监测等单位相关负责人参加；②施工单位根据《住房城乡建设部办公厅关于加强城市轨道交通工程关键节点风险管控的通知》附件中的关键节点分类清单编制本项目的关键节点识别清单，报监理单位审批；③施工单位对照经监理单位批准的关键节点识别清单，对关键节点施工前条件进行自检自评，符合要求的报监理单位；④监理单位应对关键节点施工前条件进行预核查，通过后报建设单位；⑤建设单位（或委托监理单位）应依据相关制度规定和标准规范组织开展关键节点施工前条件核查；⑥通过核查的，方可进行关键节点施工；未通过核查的，相关单位应按照核查意见进行整改，整改完成后建设单位应重新组织核查。故选 BCD。

## 三、判断题

1.【参考答案】×

【解析】《铁路技术管理规程》（普速铁路部分）第 309 条规定，行车基本闭塞法采用下列三种：自动闭塞、自动站间闭塞、半自动闭塞。第 310 条规定，当基本闭塞法不能使用时，应根据列车调度员的命令，采用电话闭塞法行车。

2.【参考答案】×

【解析】《铁路技术管理规程》（普速铁路部分）第 240 条规定，行车有关人员在任职期间，须按铁路职业技能培训规范等规定，定期参加岗位适应性培训和业务考试，考试不合格的，不得继续履职。

3.【参考答案】√

【解析】《铁路技术管理规程》（普速铁路部分）第 241 条规定，行车有关人员在任职前必须经过健康检查，身体条件不符合拟任岗位职务的，不得上岗作业。

4.【参考答案】√

【解析】在下雨或下雪等天气不良情况下，接发列车或调车作业时，应站在安全位置，加强瞭望。

5.【参考答案】×

【解析】进行扳道作业时，应遵守扳道作业方法。除因作业必须进入道心外，均应站在安全地点。

6.【参考答案】×

【解析】若危险货物发生泄漏、渗漏、着火、冒烟等现象，货运（车号）员应迅速撤离至安全区域，严禁接触理化特性不明的危险货物。处理气体泄漏时，应站在上风处。

7.【参考答案】×

【解析】车站客运作业实行岗位“三定”（定岗、定位、定责）管理。

8.【参考答案】×

【解析】通过列车速度在160 km/h以上时，不得在相邻线路列车通过一侧进行给水作业。

9.【参考答案】×

【解析】列车客运乘务员作业要求，客运乘务人员在折返站停留时，必须严格执行请销假制度，列车长掌握外出人数、去向、时间，外出人员严禁饮酒。

10.【参考答案】×

【解析】列车客运乘务员作业要求，列车客运乘务员从反面下车作业或区间停车作业，必须有专人监护。

11.【参考答案】√

【解析】高铁动车组列车客运乘务员作业要求，遇列车晚点超过15 min和遇有临时停车时，加强车厢巡视，说明晚点原因，做好解释。

12.【参考答案】√

【解析】使用手制动机时，必须使用安全带。要做到“上车先挂钩”“下车先摘钩”。不能使用安全带的车辆，如平车、矿石车、罐车等，作业时必须选好站立位置。

13.【参考答案】√

【解析】调车组带风作业时，必须执行一关（关折角塞门）、二摘（摘风管）、三提钩的作业程序。

14.【参考答案】×

【解析】动车组以外的列车司机要将列车运行中发生的问题及使用紧急制动阀的情况，及时报告列车调度员。

15.【参考答案】√

【解析】机车检修后、启动前应确认机车已设置止轮器，且各有关人员处于安全位置，方可启动，以防止车动伤人。

16.【参考答案】√

【解析】《铁路技术管理规程》（普速铁路部分）第335条规定，单机、自轮运转特种设备在自动闭塞区间紧急制动停车或被迫停在调谐区内时，司机须立即通知后续列车司机、向两端站车站值班员（列车调度员）报告停车位置（具备移动条件时司机须先将机车移动不少于 15 m），并在轨道电路调谐区外使用短路铜线短接轨道电路。

17.【参考答案】×

【解析】《铁路技术管理规程》（普速铁路部分）第 335 条规定，单机、自轮运转特种设备在自动闭塞区间紧急制动停车或被迫停在调谐区内时，司机须立即通知后续列车司机、向两端站车站值班员（列车调度员）报告停车位置（具备移动条件时司机须先将机车移动不少于 15 m），并在轨道电路调谐区外使用短路铜线短接轨道电路。

18.【参考答案】√

【解析】《铁路技术管理规程》（普速铁路部分）第 336 条规定，动车组列车开车前，司机要选定机车综合无线通信设备通信模式和运行线路，机车综合无线通信设备、GSM–R 手持终端按规定注册列车车次，并确认正确。装备列车运行监控装置的动车组列车还应按规定输入监控装置有关数据。

19.【参考答案】√

【解析】《铁路技术管理规程》（普速铁路部分）第 336 条规定，动车组列车运行途中，司机不能使用机车综合无线通信设备进行通话时，应立即使用 GSM–R 手持终端或无线对讲设备报告车站值班员（列车调度员）；如 GSM–R 手持终端及无线对讲设备也不能进行通话，司机应在前方站停车报告。

20.【参考答案】×

【解析】《铁路技术管理规程》（普速铁路部分）第 336 条规定，动车组列车停车后，必须使列车保持制动状态。更换动车组司机（同向换乘除外）或司机室操纵端、使用紧急制动停车、重联或解编后再开车时，必须进行相关试验。

21.【参考答案】×

【解析】《铁路技术管理规程》（普速铁路部分）第 336 条规定，动车组列车等会列车时，不准关闭辅助电源装置，并应按规定显示列车标志。

22.【参考答案】√

【解析】动车组随车机械师一次作业标准中要求，出乘巡检作业时，必须运用“三必五字”作业方法（必看、必指、必呼，听、看、闻、巡、联），提高作业效率和巡检效果。

23.【参考答案】×

【解析】《铁路技术管理规程》(普速铁路部分)第297条规定，线路两旁堆放货物，距钢轨头部外侧不得小于1.5 m。站台堆放货物，距站台边缘不得小于1 m。货物要堆放稳固，防止倒塌。

24.【参考答案】×

【解析】《铁路工务安全规则》规定，巡道工作业，上道巡检时应按规定穿着醒目的防护黄马甲(套袖)，并携带列车无线通信设备。

25.【参考答案】√

【解析】《铁路工务安全规则》规定，桥梁工作业，在坠落高度基准面2 m及以上高处及陡坡上作业，必须按规定戴好安全帽、系好安全带或安全绳。安全带、安全绳每次使用前必须详细检查。使用单位每半年对安全带、安全绳做一次检测。

26.【参考答案】×

【解析】《铁路工务安全规则》规定，区间或站内正线作业来车时，探伤工下道避车时，应距钢轨头部外侧距离不少于2 m，设有避车台(洞)的桥梁(隧道)应进入避车台(洞)避车。

27.【参考答案】×

【解析】《铁路工务安全规则》规定，道口立岗作业避车，列车通过道口时，道口看守员必须提前出务立岗，立岗接车位置应距钢轨头部外侧3 m以上。

28.【参考答案】×

【解析】电务安全作业标准规定，任何电气设备未经验电，一律视为有电，不准身体触及。

29.【参考答案】√

【解析】电务安全作业标准规定，在配电总盘及母线上进行作业时，在验明无电后应挂临时接地线，装拆接地线都必须由值班电工进行。

30.【参考答案】×

【解析】电务安全作业标准规定，安装灯头时，开关必须接在火线上，灯口螺纹必须接在零线上。

31.【参考答案】√

【解析】《铁路技术管理规程》(普速铁路部分)第22条规定，登乘机车动车组列车或其他旅客列车尾部对线路全面检查，每月不少于一次。

32.【参考答案】√

【解析】《铁路电力安全工作规程》要求，电力设备检修作业时，无论高压、低压均禁止带电检修，停电作业时，应在箱门或隔离开关把手上挂上警示牌。

33.【参考答案】×

【解析】电气化铁路区段房建、通信、信号、电力、给水、信息、照明、广播、防灾、视频、红外、安全监控等室外设备金属箱体、外壳等均应安装牢固，除有专业特殊规定外，应可靠接地。

34.【参考答案】√

【解析】铁路营业线施工维修作业完毕，现场防护员必须在确认全部作业人员下道到达安全地点后，方准离开防护位置。

35.【参考答案】×

【解析】营业线施工时，作业人员不准走道心、枕木头。

36.【参考答案】√

【解析】根据接触网附近作业人员安全"八不紧"要求，严禁在接触网带电部分 2 m 内不停电作业。

37.【参考答案】×

【解析】电气化铁路施工时，除专业人员按规定作业外，任何人所携带的物件（包括长杆、扶梯等）应与接触网带电部位保持 2 m 以上的安全距离。

38.【参考答案】×

【解析】在铁道施工作业现场，易燃易爆危险品和有毒物品应按规定分类存放，专人负责，并有防火、防爆、防污染措施。

39.【参考答案】√

【解析】需要在封锁区间或限速运行条件下施工时，应严格按照规定办理申请手续，取得同意、接到调度命令后方可进行施工，并要随时掌握行车动态。因施工影响既有线的通信、信号、供电等设备时，应事先通知电务、供电部门，施工前必须办理相应手续。

40.【参考答案】×

【解析】利用天窗进行铁路建设施工时，施工负责人与车站及两端防护员应建立可靠的通信联系。

41.【参考答案】√

【解析】架子队应配备经过培训和考核，取得相应资格的专职电工。专职电工主要负责施工区动力、照明线路的架设及电气设备的安装、调试、维修工作。

42.【参考答案】×

【解析】参建人员在施工中必须穿黄色防护服，严禁穿红色服装，以免司机误认信号；严禁在线路上使用红色灯具，施工人员严禁在铁路边点火烧荒。

43.【参考答案】√

【解析】进行室外施工时，禁止在钢轨上随便放置工器具，限界内不随意放置设备、材料或者施工机具。侵入界限施工时，应加强安全防护，在列车到达前及时下道。

44.【参考答案】√

【解析】铁路建设明挖施工作业时，基坑开挖必须自上而下分层、分段进行，应在土方挖至设计位置后及时设置横撑或锚杆。

45.【参考答案】×

【解析】明挖施工作业时，坑边临时堆放的弃土、材料、机具、模板等距坑边一般不得小于 0.8 m，且堆放高度不得大于 1.5 m。

46.【参考答案】×

【解析】铁路建设暗挖施工作业时，洞内装土应有专人指挥，作业人员不得进入挖掘机回转半径内。

47.【参考答案】√

【解析】铁路建设暗挖施工作业时，门式起重机、井架提升系统必须经验收合格，起吊过程必须有持证司索工专门指挥。

48.【参考答案】√

【解析】盾构机施工作业时，要根据盾构机的类型、地质条件和工程实际，制定盾构机安全操作规程，对作业人员进行上岗前技术培训。施工前必须进行安全技术交底。

49.【参考答案】×

【解析】遇台风、暴雨、雷暴和 6 级以上大风等恶劣天气时，应停止高处作业，以及起重吊装、架梁安装等施工作业。

50.**【参考答案】**×

**【解析】**施工承包单位项目部可以在轨行区内使用易燃易爆危险品，但是使用任何易燃易爆危险品前，必须经驻地监理工程师或项目工程师许可。

# 第四章 铁路工伤事故预防

## 一、单项选择题

**1. 横越线路时，应（　　），注意左右机车、车辆动态及脚下有无障碍物。**

A. 快速通过　　B. “一站、二看、三通过”

C. 经防护人员许可后通过　　D. 在机车、车辆到来前通过

**2. 严禁在（　　）上行走。**

A. 路肩　　B. 人行道板

C. 道心、枕木头　　D. 道砟

**3. 在区间行走时，应走（　　）。**

A. 路肩　　B. 道心

C. 枕木头　　D. 两道间

**4. 本线来车，当本线来车最大速度大于 60 km/h，小于 120 km/h 时，下道距离应不小于（　　）m。**

A. 500　　B. 800

C. 1 400　　D. 2 000

**5. 列车速度小于 200 km/h，避车人员与钢轨头部外侧距离应不小于（　　）m。**

A. 1　　B. 2

C. 3　　D. 5

**6. 遇有大雾、暴雨（雪）、沙尘暴等恶劣天气影响瞭望时，应停止线上作业和上道检查，必须作业时，应采取特殊安全措施，保证（　　）及时下道。**

A. 看见来车　　B. 听到来车

C. 听见鸣笛按规定距离　　D. 来车之前按规定距离

**7. 在道路同方向划有两条以上机动车道的，（　　）。**

A. 右侧为快速车道，左侧为慢速车道

B. 左侧为快速车道，右侧为慢速车道

C. 左侧为客车车道，右侧为货车车道

D. 左侧为行车道，右侧为应急车道

**8. 机动车驾驶员不得连续驾驶机动车超过（　　）未停车休息或者停车休息时间少于（　　）。**

A. 1 h；10 min　　B. 2 h；20 min

C. 4 h；20 min　　D. 6 h；30 min

**9. 机动车超车时，应当提前（　　），变换使用远、近光灯或者鸣喇叭。**

A. 开启右转向灯　　B. 开启左转向灯

C. 开启远光灯　　D. 开启近光灯

**10. 机动车遇有前方交叉路口交通阻塞时，应当（　　）。**

A. 快速绕行通过　　B. 借用应急车道行驶

C. 依次追逐前车等候　　D. 依次停在路口以外等候

**11. 机动车在高速公路上行驶应严格遵守高速公路的有关规定，小型载客汽车最高车速不得超过（　　），其他机动车不得超过（　　）。**

A. 100 km/h；120 km/h　　B. 120 km/h；100 km/h

C. 120 km/h；80 km/h　　D. 150 km/h；120 km/h

**12. 机动车向左转弯、向左变更车道、准备超车、驶离停车地点或者掉头时，应当提前开启（　　）。**

A. 近光灯　　B. 示宽灯

C. 左转向灯　　D. 右转向灯

**13. 防止人体与带电体接触采取的绝缘措施，是指（　　）。**

A. 人体与带电体保持足够安全距离

B. 将带电体与外界进行隔离

C. 用不导电的绝缘材料将带电体封闭起来

D. 用导电的绝缘材料将带电体封闭起来

**14. 保护接地是将电气设备在正常情况下（　　）接入大地。**

A. 火线接地　　B. 零线接地

C. 带电的金属部分　　D. 不带电的金属部分

**15. 建筑物、电力线路、电气设备、大型设备、脚手架、支（拱）架、临时棚架等，应按规定（　　），接地电阻值应符合有关规定。**

A. 装设地线　　B. 装设避雷设备和接地线

C. 零线接地　　D. 接地

**16. 手电钻、电砂轮等手持式电动工具必须安设（　　），使用前必须确认其电源开关灵活，接线无破损、松动。**

A. 电源插座　　B. 隔离开关

C. 空气开关　　D. 漏电保护器

**17. 进行易产生静电火灾、爆炸事故的操作时，必须有良好的（　　），及时消除聚集的静电。**

A. 接地装置　　B. 隔开设备

C. 空气开关　　D. 漏电保护装置

**18. 高处作业是指在坠落高度基准面（　　）及以上有可能坠落的高处进行的作业。**

A. 1 m　　B. 2 m

C. 5 m　　D. 10 m

**19. 有人在梯子上时，不得（　　）进行重新定位。**

A. 大声喧哗　　B. 多人扶梯

C. 固定梯子　　D. 挪动梯子

**20. 高处作业中，在可能坠落半径范围内禁止人员停留，必须停留时，应（　　）。**

A. 戴安全帽　　B. 系安全带

C. 穿防滑鞋　　D. 穿防护服

**21. 利用梯子作业时，单梯梯面应与水平面呈（　　）夹角。**

A. 45°　　B. 60°

C. 75°　　D. 90°

**22. 在临边作业中，在临空一侧无防护措施时，应（　　）。**

A. 戴安全帽　　B. 穿防滑鞋

C. 系安全带或安全绳　　D. 穿防护服

**23. 高处作业人员应每（　　）体检一次。**

A. 半年　　B. 一年

C. 两年　　D. 三年

**24. 作业地点应进出道路畅通，地面坚硬，吊装空间高低、宽窄满足作业要求，地面和空间无障碍物，吊运司索人员、指挥人员有（　　）位置，现场达到规定的照度。**

A. 合适站立　　B. 舒适工作

C. 安全工作　　D. 宽敞工作

**25. 起重机械工作时，臂架、吊具、辅具、钢丝绳、揽风绳及吊运物等，与380 V 输电线路的最小距离为（　　）。**

A. 1 m　　B. 1.5 m

C. 2 m　　D. 3 m

**26. 起重机械工作时，臂架、吊具、辅具、钢丝绳、揽风绳及吊运物等，与27.5 kV 接触网线路的最小距离为（　　）。**

A. 1 m　　B. 1.5 m

C. 2 m　　D. 3 m

**27. 起重机安装与拆卸人员须具备相应的（　　）。**

A. 操作维护资质　　B. 机械电气技术水平

C. 技术作业水平　　D. 特种设备作业资格

**28. 起重机起吊、移位前，人员应撤离至安全区域。辅助操作人员应有（　　）以上退让余地，禁止站在吊运物上和无处可退的死角。**

A. 0.5 m　　B. 1 m

C. 1.5 m　　D. 2 m

**29. 起重作业时，严禁利用管道、管架、电杆、信号机、机车、车辆等可能损坏或位移的物体做吊装锚点，未经相关部门批准，不得将建筑物、构筑物作为（　　）。**

A. 参照点　　B. 参照物

C. 锚点　　D. 支点

**30. 为防止物体打击，进入生产现场应（　　），系紧帽带。**

A. 戴好安全帽　　B. 系好安全带

C. 穿好工作服　　D. 戴好工作帽

**31. 为防止物体打击，高处作业时，工具应（　　）。**

A. 随身携带　　B. 放在方便取放的位置

C. 放在高处平台处　　D. 放在工具袋内

**32. 必须上下立体作业时，应有防坠落物伤人措施，并设（　　）。**

A. 专人监护　　B. 专职防护

C. 垂直隔板　　D. 医疗点

**33. 临边设施的盖顶应坚固，不得使用（　　）。**

A. 水泥板　　B. 石棉瓦

C. 钢板　　D. 木料

**34. 高处安装起重机械或垂直运输机具时应认真检查，防止零部件坠落。拆卸时应设置（　　），并设置专人监护。**

A. 防护墙　　B. 坠落安全区

C. 警戒区域　　D. 安全区

**35. 高处拆除作业时，拆卸物料、建筑垃圾应（　　），不得在通道上堆放或向下丢弃。**

A. 堆放整齐　　B. 装袋丢下

C. 有防雨措施　　D. 及时清理

**36. 旋转类机具应（　　），任何人员不得触及转动部位。**

A. 加监测装置　　B. 加装防护罩

C. 有转速测试表　　D. 手握牢固

**37. 机械设备未完全断电前，不得触碰设备的任何（　　）部件。**

A. 静止　　B. 运动

C. 机械　　D. 电气

**38. 机电设备发现任何异常状态应立即停机，报告（　　）人员进行检查。严禁擅自维修设备。**

A. 售后　　B. 主管

C. 维修　　D. 主管或维修

**39. 操作车床、铣床等设备时，应（　　）。**

A. 佩戴防护眼镜　　B. 戴线手套

C. 戴绝缘手套　　D. 戴薄手套

**40. 机电设备的（　　），应设置安全标志及明显的警示牌。**

A. 关键部件　　B. 危险部件

C. 开机部件　　D. 危险部位和不安全部件

**41. 机电设备作业前应对设备进行（　　），严禁设备故障运行。**

A. 检查　　B. 观察

C. 清扫　　D. 干燥处理

**42. 为强化健康防护，有毒有害作业场所的作业人员应（　　）。**

A. 进行一次健康检查　　B. 定期进行健康检查

C. 定期组织旅游　　D. 排查安全隐患

**43. 进入有限空间应佩戴（　　）。**

A. 过滤式空气防护用品　　B. 隔离式空气呼吸器

C. 哨子　　D. 佩戴氧气报警器

**44. 有限空间作业应落实（　　）。**

A. 全员健康体检制度　　B. 全员出工点名制度

C. 作业审批许可制度　　D. 作业质量抽检制度

**45. 以下属于预防有限空间作业中毒和窒息措施的是（　　）。**

A. 有限空间作业应执行作业审批制度

B. 有限空间作业前应通风换气

C. 有限空间作业前对每人应进行酒精测量

D. 有限空间作业人员应取得国家统一颁发的特种作业资质

**46. 当压力容器内压力超过额定值时，（　　），从而保证容器不因压力过高而发生事故。**

A. 安全阀关闭，将容器中的一部分气体或液体排出

B. 安全阀打开，将空气中的一部分气体或液体注入

C. 安全阀关闭，将空气中的一部分气体或液体注入

D. 安全阀打开，将容器中的一部分气体或液体排出

**47. 爆破片是一种（　　），爆破片受压爆破而泄放出介质，以防止容器或系统内的压力超过预定的安全值。**

A. 封闭型安全泄压装置　　B. 泄压型安全泄压装置

C. 断裂型安全泄压装置　　D. 断裂型安全保压装置

**48. 压力容器内部有压力，需带温带压、紧固螺栓，或出现紧急泄漏需进行带压堵漏时，使用单位必须按（　　）要求，制定有效的操作程序和防护措施。**

A. 作业程序　　B. 设计规范

C. 实际情况　　D. 领导指示

**49. 坚持压力容器运行期间的巡回检查，及时发现操作失误或设备上出现的不正常状态，并采取相应措施进行（　　）。**

A. 调整或消除　　B. 汇报

C. 记录　　D. 取证

**50. 坑、沟、槽土方开挖，深度超过（　　）的，必须按规定放坡或支护。**

A. 0.5 m　　B. 1 m

C. 1.5 m　　D. 2 m

**51. 为防止坍塌事故，基坑、井坑的边坡和支护系统应随时检查，发现边坡有裂痕、疏松等危险征兆，应（　　）。**

A. 立即采取加固措施　　B. 立即汇报上级

C. 立即疏散人员，采取加固措施　　D. 进行监控记录

**52. 建筑施工中必须严格控制材料、模板、施工机械、机具或其他物料在楼层或屋面的堆放数量和重量，以避免产生过大的（　　），造成屋面断裂坍塌。**

A. 均匀荷载　　B. 集中荷载

C. 拥堵事件　　D. 工料浪费

**53. 可能有可燃气体、蒸气、粉尘从设备和系统中泄漏的车间、厂房等相对封闭的作业场所，必须采用（　　）使可燃气体、蒸气或粉尘的浓度不致达到危险的程度，一般应控制在爆炸下限 1/5 以下。如果挥发物既有爆炸性又对人体有害，其浓度应同时满足《工业企业设计卫生标准》（GBZ 1—2010）的要求。**

A. 除湿的方法　　B. 通风的方法

C. 暴晒的方法　　D. 降低产量的方法

**54. 接触或混合后能够导致火灾、爆炸或扩大事故后果的危险品（　　）。**

A. 应露天存放　　B. 不得露天存放

C. 应同室存储　　D. 不得同室存储

**55. 有爆炸危险的厂房或库房必须采取遮阳措施，窗户采用（　　），以避免形成点火源。**

A. 透明玻璃　　B. 磨砂玻璃

C. 双层玻璃　　D. 双层真空玻璃

**56. 在焊接切割动火现场应配备必要的（　　），并将可燃物清理干净。**

A. 备用材料　　B. 消防器材

C. 图纸备品　　D. 焊接工具

**57. 必须使用明火加热设备时，加热设备应远离可能泄漏易燃气体或蒸气的设备和储罐，并将其置于（　　）。**

A. 上风向或侧风向　　B. 下风向或侧风向

C. 上风向或下风向　　D. 中风向或侧风向

**58. 下列关于加热易燃物料的说法，正确的是（　　）。**

A. 可以用电炉直接加热　　B. 可以用煤炉直接加热

C. 可以用蒸汽直接加热　　D. 可以用热水间接加热

**59. 为保障盛装易燃易爆介质的设备和系统的密闭性，防止介质流出或扩散，在设备和管路周围空间形成爆炸性混合物，在设备和系统施工、验收、维修及使用的过程中，必须根据压力表的读数用（　　）来检查其密闭性，测定其是否漏气并进行气体分析。**

A. 气压试验　　B. 水压试验

C. 液压试验　　D. 高压试验

**60. 在承压设备和系统中，应装设安全阀、爆破片等防爆泄压装置，通过防爆泄压装置将超过安全规定限值的（　　），以防止压力骤增发生爆炸，造成设备和系统的破坏和事故发生。**

A. 高压释放　　B. 低压释放

C. 加压释放　　D. 中压释放

## 二、多项选择题

**1. 在铁路站场，顺线路行走时，应走两线路中间，并注意（　　）。**

A. 邻线人员作业情况　　B. 邻线机车、车辆

C. 货物装载状态　　D. 道岔开通位置

**2. 在复线区间行走时，应（　　）。**

A. 逆列车运行方向行走　　B. 顺列车运行方向行走

C. 走道心　　D. 不断前后瞭望

**3. 在桥梁步行板、隧道水沟盖板等人行道板上行走时，应时刻注意脚下，及时躲避（　　）等。**

A. 障碍物　　B. 缺失道板

C. 失效道板　　D. 断裂道板

**4. 上机车时，应（　　）。**

A. 背对车门　　B. 面向车门

C. 手抓牢　　D. 脚踏稳

**5. 下列关于行车作业人员应当遵守的规定，说法正确的有（　　）。**

A. 班前禁止饮酒

B. 严禁扒乘运行中的机车、车辆，以车代步

C. 不准脚踏钢轨面、道岔连接杆、尖轨

D. 不准在钢轨上、车底下、枕木头、道心里坐卧

**6. 机动车驾驶人（　　），公安机关交通管理部门可以将其驾驶的机动车移至不妨碍交通的地点或者有关部门指定的地点停放。**

A. 饮酒、服用国家管制的精神药品或者麻醉药品

B. 驾驶技术不熟练

C. 患有妨碍安全驾驶的疾病

D. 过度疲劳影响安全驾驶的

**7. 乘车人不得（　　）。**

A. 携带过重物品　　B. 携带易燃易爆等危险物品

C. 向车外抛洒物品　　D. 有影响驾驶人安全驾驶的行为

**8. 机动车在夜间通过（　　）时，应当交替使用远近光灯示意。**

A. 急弯、坡路　　B. 人行横道

C. 拱桥　　D. 没有交通信号灯控制的路口

**9. 机动车在高速公路上行驶，不得（　　）。**

A. 倒车　　B. 逆行

C. 穿越中央分隔带掉头　　D. 在车道内停车

**10. 下列属于电气作业中的基本防护用品的有（　　）。**

A. 绝缘钳　　B. 绝缘手套

C. 绝缘杆　　D. 绝缘台

**11. 下列关于安全用电组织管理，说法正确的有（　　）。**

A. 制订安全用电措施计划和规章制度　　B. 进行安全用电检查

C. 进行安全用电教育和培训　　D. 建立安全资料档案

**12. 在全部停电或部分停电的电气设备、设施上作业时，必须采取（　　）和装设遮栏等安全技术措施。**

A. 停电、验电　　B. 绝缘措施

C. 挂接地线　　D. 悬挂标示牌

**13. 电气作业应执行（　　）及工作间断、转移和终结制度。**

A. 工作票制度　　B. 工作许可制度

C. 工作监护制度　　D. 统一指挥制度

**14. 按照不同的坠落高度，高处作业划分为（　　）。**

A. 一级高处作业　　B. 二级高处作业

C. 三级高处作业　　D. 四级高处作业

**15.（　　）等恶劣天气条件下，禁止露天登高作业。**

A. 能见度低　　B. 雷、雨

C. 冰、雪　　D. 六级以上大风

**16. 高处作业应（　　），安全带应挂在牢固可靠的构件上，鞋底应防滑。**

A. 戴安全帽　　B. 系安全带

C. 戴防寒帽　　D. 绝缘靴

**17. 利用梯子作业时，梯子应（　　），作业时，应有专人扶梯、监护。**

A. 结实稳固　　B. 外观整洁

C. 梯脚底部坚实　　D. 撑脚应有防滑措施

**18. 起重机械是指用于（　　）重物的机电设备。**

A. 水平升降　　B. 垂直升降

C. 水平移动　　D. 垂直升降并水平移动

**19. 起重机械安装与拆卸须严格按（　　）实施。**

A. 采购技术条件　　B. 设备说明书

C. 作业技术方案　　D. 安全技术交底

**20. 起重机械年检、安装、使用、拆除及其安全标志的设置等安全技术措施，应严格执行（　　）。**

A.《起重机械安全规程》

B.《铁路货物装卸安全技术规则》

C.《起重机　安全标志和危险图形符号　总则》

D.《起重机械安全技术规程》

**21. 起吊后，禁止（　　）伸入吊运物下方取、放垫物和传递索具，禁止在吊臂或吊运物下方通过和停留。**

A. 手　　B. 脚

C. 司索钩　　D. 辅助工具

**22. 物体打击是指失控的物体在外力的作用下运动起来，打击人体而造成的人身伤亡事故。物体打击包括（　　）等所造成的伤害。**

A. 坠落物　　B. 飞溅物

C. 抛落物　　D. 飞出物

**23. 高处物料应堆放平稳，不得在（　　）堆放物料。**

A. 临边附近　　B. 洞口附近

C. 平坦地面　　D. 作业点

**24. 邻近道路的高处施工，应在道路上方搭设（　　）的防护棚，防止坠落物伤害行人。**

A. 坚固　　B. 密封

C. 网状　　D. 敞亮

**25. 未经授权许可，任何人不得（　　）设备的安全装置。**

A. 拆除　　B. 改造

C. 维护　　D. 保养

**26. 机械设备作业前应穿戴好防护用品，着装要“三紧”，即（　　）。**

A. 领口紧　　B. 袖口紧

C. 腰带紧　　D. 下摆紧

**27. 需打开或卸下设备安全装置时，应有设置（　　）的安全标志。**

A. 禁止送电　　B. 禁止开机

C. 红色　　D. 绿色

**28. 以下（　　）属于机电设备“四不准”。**

A. 不准带“病”运转

B. 不准超负荷运转

C. 运行时，不准维修保养

D. 运行时，不准将头、手、身伸入运转的机械行程范围内

**29. 进入有毒有害作业场所，应穿戴（　　）等劳动防护用品。**

A. 防护服　　B. 防护面具

C. 防毒面罩　　D. 安全帽

**30. 为防止人员中毒和窒息伤害，以下属于管理预防措施的有（　　）。**

A. 建立健全安全生产责任制

B. 建立健全安全生产卫生责任制

C. 建立健全安全生产岗位责任制

D. 加强对有毒有害物质危险性及相应预防措施的宣传教育

**31. 有毒有害作业场所不准存放（　　），不得吸烟、吃东西、洗澡等。**

A. 应急备品　　B. 办公用品

C. 食物　　D. 饮料

**32. 压力容器应同时具备（　　）条件。**

A. 工作压力（表压）大于或者等于 0.1 MPa

B. 容积大于或者等于 0.03 $m^3$，且内直径大于或者等于 150 mm

C. 盛装介质为气体、液化气体或最高工作温度高于或者等于其标准沸点的液体

D. 工作压力（表压）大于或者等于 1.0 MPa

**33. 常见压力容器事故类型有（　　）。**

A. 爆炸事故　　B. 坍塌事故

C. 泄漏事故　　D. 机械事故

**34. 压力容器的安全装置是为了使压力容器能够安全运行而装设在设备上的一种附属装置，常用的安全泄压装置有（　　）。**

A. 安全阀　　B. 压力表

C. 液面计　　D. 爆破片

**35. 压力容器使用单位应按照《特种设备使用管理规则》（TSG 08—2017）有关要求，设置安全管理机构，配备安全管理负责人、安全管理人员和作业人员，（　　）。**

A. 办理使用登记　　B. 建立安全管理制度

C. 制定操作规程　　D. 进行检查

**36. 压力容器作业人员应熟悉本岗位工艺流程，熟悉（　　），严格按操作规程操作。**

A. 容器结构、类别　　B. 容器主要技术参数

C. 容器技术性能　　D. 容器采购技术条件

**37. 压力容器操作人员应掌握（　　）处理方法，认真填写相关记录。**

A. 环境变化　　B. 一般事故

C. 紧急情况　　D. 重大事故

**38. 坍塌事故是指物体在外力和重力的作用下，超过自身极限强度或结构稳定性失衡而造成（　　）及窒息的事故。**

A. 物体倒塌　　B. 高处坠落

C. 物体打击　　D. 挤压

**39. 坍塌事故主要包括（　　）建筑物坍塌等。铁路还会遇到桥梁坍塌、隧道坍塌、护坡坍塌、路基坍塌、堆积物坍塌和山体坍塌等。**

A. 土方坍塌　　B. 脚手架坍塌

C. 模板坍塌　　D. 拆除工程的坍塌

**40. 以下属于火灾爆炸事故风险控制原则（　　）。**

A. 防止和限制可燃可爆系统的形成

B. 人物隔离减少人身安全伤害风险

C. 消除或隔离易燃易爆危险品附近的各类点火源

D. 阻止和限制火灾爆炸蔓延扩展，尽量降低火灾爆炸事故损失

**41. 搬运储存可燃物的金属容器时，应用专门的运输工具，禁止在地面上（　　），防止容器相互撞击。**

A. 滚动　　B. 拖拉

C. 抛掷　　D. 放置

**42. 存放易燃易爆品的建筑物外应采取装设（　　）等防护措施。**

A. 避雷针　　B. 避雷线

C. 避雷网　　D. 避雷带

**43. 在易产生静电的环境中应采用（　　）等方法防止静电引发火灾。**

A. 接地　　B. 增湿

C. 除湿　　D. 通风

**44. 避免（　　）形成高温焦点，点燃易燃易爆物质。**

A. 直射的日光通过方形玻璃瓶　　B. 直射的日光通过凸透镜

C. 直射的日光通过圆形玻璃瓶　　D. 直射的日光通过有气泡的玻璃

**45. 防止爆炸的一般原则有（　　）。**

A. 控制混合气体中的可燃物浓度处在爆炸极限以外

B. 使用不活泼气体取代空气

C. 使氧气浓度处于爆炸的极限值以下

D. 控制混合气体中的可燃物含量处在爆炸极限以内

**46. 在满足生产工艺要求的条件下，应尽可能用（　　）代替易燃溶剂或火灾危险性较大的物质，以防止或减少爆炸性混合物的形成。**

A. 不燃溶剂　　B. 易燃材料

C. 难燃材料　　D. 火灾危险性较小物质

## 三、判断题

**1**. 行车作业人员严禁扒乘机车、车辆，以车代步。

（　　）

**2**. 横越停有机车、车辆的线路时，先确认机车、车辆暂不移动，然后与其保持 2 m 以上距离绕行通过。

（　　）

**3**. 避车时，应背向列车保护面部，防止列车上的抛落、坠落物或绳索伤人。

（　　）

**4**. 在任何情况下，都不准将车辆交给没有驾驶证的人驾驶。

（　　）

**5**. 机动车可以利用人行横道进行调头。

（　　）

**6**. 在机动车道上，乘坐人员不得从机动车左侧上下车。

（　　）

**7**. 屏护是指用遮栏、栅栏、护罩、护盖、闸箱等把带电体与外界进行隔离。

（　　）

**8**. 雷电天气不得靠近电线杆、铁塔、架空线路以及避雷装置接地线。（ ）

**9**. 移动非固定式电气设备，如电风扇、照明灯、电焊机等，不用切断电源。（ ）

**10**. 高处作业使用工具、材料时，应上下抛掷。（ ）

**11**. 高处作业使用的工具、材料等应有防坠落措施。（ ）

**12**. 高处作业应派人监护，无人监护不得进行高处作业。（ ）

**13**. 邻近架空电气线路的高处作业，必须采取隔绝措施，并保持安全距离，防止触电。（ ）

**14**. 起重作业时，吊运物应从下方人员较少的区域通过。（ ）

**15**. 起重机械的司机、指挥人员应持证上岗。（ ）

**16**. 露天起重机械作业完毕，应可靠锚定。（ ）

**17**. 起重作业中可以让作业人员兼管指挥，其他人员必须服从指挥。（ ）

**18**. 起重作业在三级以上强风不准吊。（ ）

**19**. 施工现场每一个作业处所均应悬挂相应警示标志。（ ）

**20**. 临街建筑面或高层建筑施工时，应用小眼立网、竹席等密封，防止砖渣、石块、螺母等较小物体坠落伤人。（ ）

**21**. 吊运长件应绑牢，吊运散料应使用吊篮。（ ）

**22**. 机械伤害是指机械设备运动部件、工具、加工件间接与人体接触引起的夹击、碰撞、剪切、卷入、绞、碾、割、刺等形式的伤害。

（　　）

**23**. 不懂电器和机械的人员严禁使用机电设备。

（　　）

**24**. 操作机床时，旋转刀具（钻头、丝锥、铣刀等）未完全停止转动前，应使用工具制动。

（　　）

**25**. 有毒有害作业人员，应将工作服带回家清洗。

（　　）

**26**. 有毒有害作业人员防护服应设专用柜存放，不得随意乱放。

（　　）

**27**. 有毒有害作业人员进入食堂、浴室应穿防护服。

（　　）

**28**. 进入有限空间应携带有效的通信工具，系安全绳。

（　　）

**29**. 压力容器作业人员必须持证上岗，并定期接受专业培训与安全教育。

（　　）

**30**. 压力容器内部有压力时，不影响维修作业。

（　　）

**31**. 压力容器运行检查不包括容器各连接部位有无泄漏、渗漏现象。

（　　）

**32**. 压力容器运行检查包含重要阀门的“启”“闭”与挂牌是否一致，联锁装置是否完好。

（　　）

**33**. 拆除建筑物，应该自上而下顺序进行，禁止数层同时拆除，当拆除某一部分的时候，应该防止其他部分发生坍塌。

（　　）

**34**. 在桥梁步行板上堆放石渣、枕木、钢轨等路料时，应考虑实际负荷和桥体两侧平衡。

( )

**35**. 挖掘土方应从下而上施工，禁止采用挖空底脚的操作方法，并做好排水措施。

( )

**36**. 铁路建设工作中，要加强与河道管理部门联系和汛期流量监测等工作，确保铁路桥梁、路基安全稳固。

( )

**37**. 露天电气设备和线路应采取雷电感应防护措施。

( )

**38**. 在常温下能与空气发生氧化反应放出热量而引起自燃的物质，应在空气中保存。

( )

**39**. 用不活泼气体取代空气，避免含氧空气进入系统，可降低氧气的浓度，使爆炸过程尽快形成。

( )

**40**. 输送可燃气体或液体的管道，使用后应做耐压试验和气密性检查。

( )

**41**. 对与水作用能够生成可燃气体的物质，应采用加湿措施。

( )

**42**. 电焊时可利用与易燃易爆生产设备有联系的金属构件作为电焊接地线。

( )

# 参考答案与解析

## 一、单项选择题

1.【参考答案】B

【解析】行车作业人身安全通用标准，规定了行车作业人员横越线路时，应“一站、二看、三通过”，并注意左右机车、车辆的动态及脚下有无障碍物。故选 B。

2.【参考答案】C

【解析】行车作业人身安全通用标准，规定了行车作业人员严禁在道心、枕木头上行走，不准脚踏钢轨面、道岔连接杆、尖轨等。故选 C。

3.【参考答案】A

【解析】行车作业人员在区间行走时应走路肩，不间断瞭望。故选 A。

4.【参考答案】B

【解析】铁路工务安全规则，规定了本线来车，当本线来车最大速度大于 60 km/h，小于 120 km/h 时，下道距离应不小于 800 m。故选 B。

5.【参考答案】B

【解析】铁路工务安全规则，规定了列车速度小于 200 km/h，避车时与钢轨头部外侧距离应不小于 2 m。故选 B。

6.【参考答案】D

【解析】行车作业人身安全通用标准，规定了行车作业人员遇有大雾、暴雨（雪）、沙尘暴等恶劣天气影响瞭望时，应停止线上作业和上道检查，必须作业时，应采取特殊安全措施，保证来车之前按规定距离及时下道。故选 D。

7.【参考答案】B

【解析】国家道路交通法规规定，在道路同方向划有 2 条以上机动车道的，左侧为快速车道，右侧为慢速车道。故选 B。

8.【参考答案】C

【解析】国家道路交通法规规定，驾驶机动车不得有的行为，其中之一是：连续驾驶机动车超过 4 h 未停车休息或者停车休息时间少于 20 min。故选 C。

9.【参考答案】B

【解析】国家道路交通法规规定，机动车超车时，应当提前开启左转向灯，变换使用远、近光灯或者鸣喇叭。故选 B。

10.【参考答案】D

【解析】国家道路交通法规规定，机动车遇有前方交叉路口交通阻塞时，应当依次停在路口以外等候，不得进入路口。故选 D。

11.【参考答案】B

【解析】国家道路交通法规规定，在高速公路上行驶的小型载客汽车最高车速不得超过 120 km/h，其他机动车不得超过 100 km/h。故选 B。

12.【参考答案】C

【解析】国家道路交通法规规定，机动车向左转弯、向左变更车道、准备超车、驶离停车地点或者掉头时，应当提前开启左转向灯。故选 C。

13.【参考答案】C

【解析】防止人体与带电体接触采取的绝缘措施，是指用不导电的绝缘材料将带电体封闭起来，这是防止人体直接触电的基本保护措施。故选 C。

14.【参考答案】D

【解析】保护接地是将电气设备在正常情况下不带电的金属部分接入大地，把漏电设备对地电压限制在安全范围内，防止触电事故。保护接地适用于中性点不接地的电网。故选 D。

15.【参考答案】B

【解析】建筑物、电力线路、电气设备、大型设备、脚手架、支（拱）架、临时棚架等，应按规定装设避雷设备和接地线，接地电阻值应符合有关规定。故选 B。

16.【参考答案】D

【解析】手电钻、电砂轮等手持式电动工具必须安装漏电保护器，使用前必须确认其电源开关灵活，接线无破损、松动。故选 D。

17.【参考答案】A

【解析】进行易产生静电火灾、爆炸事故的操作时，必须有良好的接地装置，及时消除聚集的静电。故选 A。

18.【参考答案】B

【解析】高处作业是指在坠落高度基准面 2 m 以上（含 2 m）有可能坠落的高处进行的作业。故选 B。

19.【参考答案】D

【解析】有人在梯子上时，不得挪动梯子进行重新定位。故选 D。

20.【参考答案】A

【解析】高处作业中，在可能坠落半径范围内禁止人员停留，必须停留时，应戴安全帽 。故选 A。

21.【参考答案】C

【解析】利用梯子作业时，单梯梯面应与水平面呈 75° 夹角。故选 C。

22.【参考答案】C

【解析】在临边作业中，在临空一侧无防护措施时，应系安全带或安全绳。故选 C。

23.【参考答案】B

【解析】高处作业人员应每年体检一次。故选 B。

24.【参考答案】C

【解析】作业地点应进出道路畅通，地面坚硬，吊装空间高低、宽窄满足作业要求，地面和空间无障碍物，吊运司索人员、指挥人员有安全工作位置，现场达到规定的照度。故选 C。

25.【参考答案】B

【解析】起重机械工作时，臂架、吊具、辅具、钢丝绳、揽风绳及吊运物等，与小于 1 kV 电压输电线路最小距离为 1.5 m。故选 B。

26.【参考答案】D

【解析】起重机械工作时，臂架、吊具、辅具、钢丝绳、揽风绳及吊运物等，与 1 ～ 35 kV 电压输电线路最小距离为 3 m。故选 D。

27.【参考答案】D

【解析】起重机安装与拆卸人员须具备相应的特种设备作业资格。故选 D。

28.【参考答案】D

【解析】起重机起吊、移位前，人员应撤离至安全区域。辅助操作人员应有 2 m 以上退让余地，禁止站在吊运物上和无处可退的死角。故选 D。

29.【参考答案】C

【解析】起重作业时，严禁利用管道、管架、电杆、信号机、机车、车辆等可能损坏或位移的物体做吊装锚点，未经相关部门批准，不得将建筑物、构筑物作为锚点。故选C。

30.【参考答案】A

【解析】为防止物体打击，进入生产现场应戴好安全帽，系紧帽带。故选A。

31.【参考答案】D

【解析】高处作业时，为防止物体打击，工具应放在工具袋内。故选D。

32.【参考答案】A

【解析】必须上下立体作业时，应有防坠落物伤人措施，并设专人监护。故选A。

33.【参考答案】B

【解析】临边设施的盖顶应坚固，不得使用石棉瓦。故选B。

34.【参考答案】C

【解析】高处安装起重机械或垂直运输机具时应认真检查，防止零部件坠落。拆卸时应设置警戒区域，并设置专人监护。故选C。

35.【参考答案】D

【解析】高处拆除作业时，拆卸物料、垃圾应及时清理，不得在通道上堆放或向下丢弃。故选D。

36.【参考答案】B

【解析】旋转类机具应加装防护罩，任何人员不得触及转动部位。故选B。

37.【参考答案】B

【解析】机械设备未完全断电前，不得触碰设备的任何运动部件。故选B。

38.【参考答案】D

【解析】机电设备发现任何异常状态应立即停机，报告主管或维修人员进行检查。严禁擅自维修设备。故选D。

39.【参考答案】A

【解析】操作车床、铣床等设备时，应佩戴防护眼镜。故选A。

40.【参考答案】D

【解析】机电设备的危险部位、不安全部件，应设置安全标志及明显的警示牌。故选D。

41.【参考答案】A

【解析】机电设备作业前应对设备进行检查，严禁设备故障运行。故选A。

42.【参考答案】B

【解析】为强化健康防护，有毒有害作业场所的作业人员应定期进行健康检查。故选B。

43.【参考答案】B

【解析】过滤式空气防护用品能把使用者从作业环境吸入的气体通过净化部件的吸附、吸收、催化或过滤等作用，去除其中有害物质后作为气源供使用者呼吸，因有限空间有毒有害气体挥发量和浓度不确定，可能使净化部件饱和或面具密封不严导致作业人员存在中毒风险。哨子和佩戴氧气报警器不能直接起到防毒作用。所以，进入有限空间应佩戴隔离式空气呼吸器。故选B。

44.【参考答案】C

【解析】有限空间作业应落实作业审批许可制度。其他备选项属于通用制度，不是有限空间特有要求。故选C。

45.【参考答案】B

【解析】有限空间作业应执行作业审批许可制度属于国家明确的有限空间作业管理制度；作业前对每人应进行酒精测量属于企业自身要求，不是通用要求；有限空间作业不一定属于特种作业，非物种作业人员不需要具有相关资质。有限空间作业前通风换气，是防止作业人员中毒窒息的具体措施。故选B。

46.【参考答案】D

【解析】安全阀作业，当压力容器内压力超过额定值时，安全阀打开，将容器中的一部分气体或液体排出，从而保证容器不因压力过高而发生事故。故选D。

47.【参考答案】C

【解析】爆破片是一种断裂型安全泄压装置，爆破片受压爆破而泄放出介质，以防止容器或系统内的压力超过预定的安全值。故选C。

48.【参考答案】B

【解析】压力容器内部有压力，需带温、带压紧固螺栓，或出现紧急泄漏需进行带压堵漏时，使用单位必须按设计规范要求，制定有效的操作程序和防护措施。故选B。

49.【参考答案】A

【解析】坚持压力容器运行期间的巡回检查，及时发现操作失误或设备上出现的不正常状态，并采取相应措施进行调整或消除。故选A。

50.【参考答案】C

【解析】坑、沟、槽土方开挖，深度超过1.5 m的，必须按规定放坡或支护。故选C。

51.【参考答案】C

【解析】基坑、井坑的边坡和支护系统应随时检查，发现边坡有裂痕、疏松等危险征兆，应立即疏散人员，采取加固措施。故选C。

52.【参考答案】B

【解析】建筑施工中必须严格控制材料、模板、施工机械、机具或其他物料在楼层或屋面的堆放数量和重量，以避免产生过大的集中荷载，造成屋面断裂坍塌。故选B。

53.【参考答案】B

【解析】可能有可燃气体、蒸气、粉尘从设备和系统中泄漏的车间、厂房等相对封闭的作业场所，必须采用通风的方法使可燃气体、蒸气或粉尘的浓度不致达到危险的程度，一般应控制在爆炸下限1/5以下。如果挥发物既有爆炸性又对人体有害，其浓度应同时满足《工业企业设计卫生标准》（GBZ 1—2010）的要求。故选B。

54.【参考答案】D

【解析】接触或混合后能够导致火灾、爆炸或扩大事故后果的危险品不得同室存储，因为同室存储具备了封闭空间内导致火灾、爆炸或扩大事故后果可能性。故选D。

55.【参考答案】B

【解析】本题考点是不能让阳光通过窗户玻璃直射厂房或库房的爆炸危险性物质，所以，有爆炸危险的厂房和库房必须采取遮阳措施，窗户采用磨砂玻璃，以避免形成点火源。故选B。

56.【参考答案】B

【解析】本题考点是动火现场一旦发生火灾，如何能快速扑灭初期火灾，所以在焊接切割现场应配备必要的消防器材，并将可燃物清理干净。故选B。

57.【参考答案】A

【解析】必须使用明火加热设备时，加热设备应远离可能泄漏易燃气体或蒸气的设备和储罐，并将其置于上风向或侧风向。故选A。

58.【参考答案】D

【解析】加热易燃物料时，应采用热水、蒸汽或其他介质间接加热，尽量避免采用明火加热设备，不得采用电炉、火炉、煤炉等直接加热。故选D。

59.【参考答案】C

【解析】为保障盛装易燃易爆介质的设备和系统的密闭性，防止介质流出或扩散，在设备和管路周围空间形成爆炸性混合物，在设备和系统施工、验收、维修及使用的过程中，必须根据压力表的读数用水压试验来检查其密闭性，测定其是否漏气并进行气体分析。故选C。

60.【参考答案】A

【解析】在承压设备和系统中，应装设安全阀、爆破片等防爆泄压装置，通过防爆泄压装置将超过安全规定限值的高压释放，以防止压力骤增发生爆炸，造成设备和系统的破坏和事故发生。故选A。

## 二、多项选择题

1.【参考答案】BC

【解析】行车作业人身安全通用标准，规定了行车作业人员顺线路行走，应走两线路中间，并注意邻线的机车、车辆和货物装载状态。故选BC。

2.【参考答案】AD

【解析】行车作业人员在复线区间行走时，应逆列车运行方向行走，并不断前后瞭望。故选AD。

3.【参考答案】ABCD

【解析】行车作业人员在桥梁步行板、隧道水沟盖板等人行道板上行走时，应时刻注意脚下，及时躲避障碍物和失效、断裂、缺失的道板等。故选ABCD。

4.【参考答案】BCD

【解析】行车作业人员上机车时，应面向车门，手抓牢、脚踏稳。故选BCD。

5.【参考答案】ABCD

【解析】行车作业人身安全通用标准，规定了行车作业人员应当遵守的“一禁止、四严禁、二不准”。班前禁止饮酒；严禁在道心、枕木头上行走；严禁在运行中的机车、车辆前面抢越；严禁钻车；严禁扒乘机车、车辆，以车代步；不准脚踏钢轨面、道岔连接杆、尖轨等；不准在钢轨上、车底下、枕木头、道心里坐卧或站立。故选 ABCD。

6.【参考答案】ACD

【解析】《中华人民共和国道路交通安全法》规定，饮酒、服用国家管制的精神药品或者麻醉药品，或者患有妨碍安全驾驶的疾病，或者过度疲劳影响安全驾驶的，不得驾驶机动车。故选 ACD。

7.【参考答案】BCD

【解析】国家道路交通法规规定，乘车人不得携带易燃易爆等危险物品，不得向车外抛洒物品，不得有影响驾驶人安全驾驶的行为。故选 BCD。

8.【参考答案】ABCD

【解析】国家道路交通法规规定，机动车在夜间通过急弯、坡路、拱桥、人行横道或者没有交通信号灯控制的路口时，应当交替使用远近光灯示意。故选 ABCD。

9.【参考答案】ABCD

【解析】国家道路交通法规规定，机动车在高速公路上行驶，不得倒车、逆行、穿越中央分隔带掉头或者在车道内停车。故选 ABCD。

10.【参考答案】AC

【解析】在电气作业中，绝缘防护用品分两类：一类是基本防护用品，如绝缘钳、绝缘杆、高压验电笔等；另一类是辅助防护用品，如绝缘手套、绝缘（靴）鞋、绝缘垫、绝缘台等。故选 AC。

11.【参考答案】ABCD

【解析】安全用电组织管理包括制订安全用电措施计划和规章制度，进行安全用电检查、教育和培训，组织事故分析，建立安全资料档案等。故选 ABCD。

12.【参考答案】ACD

【解析】在全部停电或部分停电的电气设备、设施上作业时，必须采取停电、验电、挂接地线、悬挂标示牌和装设遮栏等安全技术措施。故选 ACD。

13.【参考答案】ABC

【解析】电气作业应执行工作票制度、工作许可制度、工作监护制度及工作间断、转移和终结制度。故选 ABC。

14.【参考答案】ABCD

【解析】按照不同的坠落高度（$h$），高处作业划分为四个等级。一级高处作业：$2\ \mathrm{m} \leqslant h \leqslant 5\ \mathrm{m}$ 的高处作业。二级高处作业：$5\ \mathrm{m} < h \leqslant 15\ \mathrm{m}$ 的高处作业。三级高处作业：$15\ \mathrm{m} < h \leqslant 30\ \mathrm{m}$ 的高处作业。四级高处作业：$h > 30\ \mathrm{m}$ 的高处作业。故选 ABCD。

15.【参考答案】ABCD

【解析】雷、雨、雪及六级以上大风等能见度低的恶劣天气条件下，禁止露天高处作业。故选 ABCD。

16.【参考答案】AB

【解析】高处作业应戴安全帽、系安全带，安全带应挂在牢固可靠的构件上，鞋底应防滑。故选 AB。

17.【参考答案】ACD

【解析】梯子应结实稳固，梯脚底部坚实，撑脚应有防滑措施，作业时，应有专人扶梯、监护。故选 ACD。

18.【参考答案】BD

【解析】起重机械是指用于垂直升降或垂直升降并水平移动重物的机电设备。故选 BD。

19.【参考答案】BCD

【解析】起重机械安装与拆卸须严格按设备说明书、作业技术方案、安全技术交底实施。故选 BCD。

20.【参考答案】ABCD

【解析】起重机械年检、安装、使用、拆除及其安全标志的设置等安全技术措施，应严格执行《起重机械安全规程》《铁路货物装卸安全技术规则》《起重机安全标志和危险图形符号 总则》（GB/T 15052—2010）《起重机械安全技术规程》（TSG 51—2023）。故选 ABCD。

21.【参考答案】AB

【解析】起吊后，禁止手、脚伸入吊运物下方取、放垫物和传递索具，禁止在吊臂或吊运物下方通过和停留。故选 AB。

22.【参考答案】ABCD

【解析】物体打击是指失控的物体在外力的作用下运动起来，打击人体而造成的人身伤亡事故。物体打击包括坠落物、飞溅物、抛落物、飞出物等所造成的伤害。故选 ABCD。

23.【参考答案】AB

【解析】高处物料应堆放平稳，不得在临边及洞口附近堆放物料。故选 AB。

24.【参考答案】AB

【解析】邻近道路的高处施工，应在道路上方搭设坚固、密封的防护棚，防止坠落物伤害行人。故选 AB。

25.【参考答案】AB

【解析】未经授权许可，任何人不得拆除、改造设备的安全装置。故选 AB。

26.【参考答案】ABD

【解析】作业前应穿戴好防护用品，着装要“三紧”：领口紧、袖口紧、下摆紧。故选 ABD。

27.【参考答案】AB

【解析】需打开或卸下设备安全装置时，应有设置禁止送电、禁止开机的安全标志。故选 AB。

28.【参考答案】ABCD

【解析】四不准：机电设备不准带“病”运转；机电设备不准超负荷运转；机电设备运行时，不准维修保养；机电设备运行时，不准将任何身体部位伸入运转的机械行程范围内。故选 ABCD。

29.【参考答案】AC

【解析】进入有毒有害作业场所，应穿戴防护服、防毒面罩等劳动防护用品。故选 AC。

30.【参考答案】ABCD

【解析】为防止中毒和窒息事故，加强对有毒有害物质危险性及相应预防措施的宣传教育，建立健全安全生产责任制、卫生责任制和岗位责任制。故选 ABCD。

31.【参考答案】CD

【解析】有毒有害作业场所不准存放食物及饮料，不得吸烟、吃东西、洗澡等。故选 CD。

32.【参考答案】ABC

【解析】压力容器应同时具备的三个条件：①工作压力（表压）大于或者等于 0.1 MPa；②容积大于或者等于 0.03 $m^3$，且内直径大于或者等于 150 mm；③盛装介质为气体、液化气体或最高工作温度高于等于其标准沸点的液体。故选 ABC。

33.【参考答案】AC

【解析】常见压力容器事故类型有热胀冷缩、腐蚀、过度充气等会引起压力容器爆炸事故和压力容器破裂、开裂、腐蚀等会导致泄漏事故。故选 AC。

34.【参考答案】AD

【解析】压力容器的安全装置是为了使压力容器能够安全运行而装设在设备上的一种附属装置，常用的安全泄压装置有安全阀、爆破片等，计量显示装置有压力表、液位计（液面计）、温度计等。故选 AD。

35.【参考答案】ABCD

【解析】压力容器使用单位应按照《特种设备使用管理规则》（TSG 08—2017）有关要求，设置安全管理机构，配备安全管理负责人、安全管理人员和作业人员，办理使用登记，建立各项安全管理制度，制定操作规程，并进行检查。故选 ABCD。

36.【参考答案】ABC

【解析】压力容器作业人员应熟悉本岗位工艺流程，熟悉容器结构、类别、主要技术参数和技术性能，严格按操作规程操作。故选 ABC。

37.【参考答案】BC

【解析】压力容器操作人员应掌握紧急情况和一般事故处理方法，认真填写相关记录。故选 BC。

38.【参考答案】ABCD

【解析】坍塌事故是指物体在外力和重力的作用下，超过自身极限强度或结构稳定性失衡而造成物体倒塌、高处坠落、物体打击、挤压及窒息的事故。故选 ABCD。

39.【参考答案】ABCD

【解析】坍塌事故主要包括土方坍塌、脚手架坍塌、模板坍塌、拆除工程的坍塌、建筑物坍塌等。铁路还会遇到桥梁坍塌、隧道坍塌、护坡坍塌、路基坍塌、堆积物坍塌和山体坍塌等。故选 ABCD。

40.【参考答案】ACD

【解析】火灾爆炸事故风险控制原则：①防止和限制可燃可爆系统的形成；②消除或隔离易燃易爆危险品附近的各类点火源；③阻止和限制火灾爆炸蔓延扩展，尽量降低火灾爆炸事故损失。减少人身安全伤害风险是任何事故救援的重点，不是火灾风险特有的控制原则。故选 ACD。

41.【参考答案】ABC

【解析】摩擦和撞击火灾控制措施规定，搬运储存可燃物的金属容器时，应用专门的运输工具，禁止在地面上滚动、拖拉或抛掷，防止容器相互撞击。故选 ABC。

42.【参考答案】ABCD

【解析】存放易燃易爆品的建筑物外应采取装设避雷针、避雷线、避雷网或避雷带等防护措施。故选 ABCD。

43.【参考答案】AB

【解析】在易产生静电的环境中应采取接地、增湿措施，或使用抗静电添加剂、静电消除器、防静电材料和工具等方法防止静电引发火灾。故选 AB。

44.【参考答案】BCD

【解析】避免直射的日光通过凸透镜、圆形玻璃瓶、有气泡的玻璃等聚焦形成高温焦点，点燃易燃易爆物质。故选 BCD。

45.【参考答案】ABC

【解析】防止爆炸的一般原则：①控制混合气体中的可燃物浓度处在爆炸极限以外；②使用不活泼气体取代空气；③使氧气浓度处于爆炸的极限值以下。故选 ABC。

46.【参考答案】ACD

【解析】在满足生产工艺要求的条件下，应尽可能用不燃溶剂、难燃的材料或火灾危险性较小的物质代替易燃溶剂或火灾危险性较大的物质，以防止或减少爆炸性混合物的形成。故选 ACD。

## 三、判断题

1.【参考答案】√

【解析】行车作业人身安全通用标准，规定了行车作业人员严禁扒乘机车、车辆，以车代步。

2.【参考答案】×

【解析】行车作业人身安全通用标准，规定了行车作业人员横越停有机车、车辆的线路时，先确认机车、车辆暂不移动，然后在该机车、车辆较远处通过（保持 10 m 以上安全距离）。

3.【参考答案】×

【解析】行车作业人员避车时，应面向列车认真瞭望，防止列车上的抛落、坠落物或绳索伤人。

4.【参考答案】√

【解析】机动车辆驾驶员在任何情况下，都不准将车辆交给没有驾驶证的人驾驶。

5.【参考答案】×

【解析】机动车在有禁止掉头或者禁止左转弯标志、标线的地点以及在铁路道口、人行横道、桥梁、急弯、陡坡、隧道或者容易发生危险的路段，不得掉头。

6.【参考答案】√

【解析】乘坐机动车时，在机动车道上不得从机动车左侧上下车。

7.【参考答案】√

【解析】屏护是指用遮栏、栅栏、护罩、护盖、闸箱等把带电体与外界进行隔离。屏护多用于不便于绝缘或绝缘不足以保障安全的场合，是防止人体接触带电体的重要措施。

8.【参考答案】√

【解析】雷电天气带电云层易通过电线杆、铁塔、架空线路以及避雷装置接地线放电，如果人体靠近就有可能被电击或被跨步电压击倒，遭受伤害。

9.【参考答案】×

【解析】移动非固定式电气设备，如电风扇、照明灯、电焊机等，必须先切断电源。

10.【参考答案】×

【解析】高处作业应使用专门用具传递工具、材料，不得上下抛掷。

11.【参考答案】√

【解析】高处作业使用的工具、材料等应有防坠落措施。

12.【参考答案】√

【解析】高处作业应派人监护，无人监护不得进行高处作业。

13.【参考答案】√

【解析】邻近架空电气线路的高处作业，必须采取隔绝措施，并保持规定的安全距离，防止触电。

14.【参考答案】×

【解析】起重作业时，不准吊运物从人员上方通过。

15.【参考答案】√

【解析】起重机械的司机、指挥人员应持证上岗。

16.【参考答案】√

【解析】露天起重机械作业完毕，应可靠锚定。

17.【参考答案】×

【解析】起重作业中必须设专人指挥，其他人员必须服从指挥。

18.【参考答案】×

【解析】起重作业在六级以上强风不准吊。

19.【参考答案】×

【解析】施工现场每一个危险部位均应悬挂相应警示标志。

20.【参考答案】√

【解析】临街建筑面或高层建筑施工时，应用小眼立网、竹席等密封，防止砖渣、石块、螺母等较小物体坠落伤人。

21.【参考答案】√

【解析】吊运长件应绑牢，吊运散料应使用吊篮。

22.【参考答案】×

【解析】机械伤害是指机械设备运动部件、工具、加工件直接与人体接触引起的夹击、碰撞、剪切、卷入、绞、碾、割、刺等形式的伤害。

23.【参考答案】√

【解析】不懂电器和机械的人员严禁使用机电设备。

24.【参考答案】×

【解析】操作机床时，旋转刀具（钻头、丝锥、铣刀等）未完全停止转动前，不得用手触碰或使用工具制动。

25.【参考答案】×

【解析】有毒有害作业人员，不准将工作服带回家。

26.【参考答案】√

【解析】有毒有害作业人员的防护服应设专用柜存放，不得随意乱放。

27.【参考答案】×

【解析】有毒有害作业人员，禁止穿防护服进入食堂、浴室、宿舍。

28.【参考答案】√

【解析】进入有限空间应携带有效的通信工具，系安全绳。

29.【参考答案】√

【解析】压力容器作业人员必须持证上岗，并定期接受专业培训与安全教育。

30.【参考答案】×

【解析】压力容器内部有压力时，不得进行任何维修。

31.【参考答案】×

【解析】压力容器运行检查应包括容器各连接部位有无泄漏、渗漏现象。

32.【参考答案】√

【解析】压力容器运行检查包含重要阀门的"启""闭"与挂牌是否一致，联锁装置是否完好。

33.【参考答案】√

【解析】拆除建筑物，应该自上而下顺序进行，禁止数层同时拆除，当拆除某一部分的时候，应该防止其他部分发生坍塌。

34.【参考答案】×

【解析】在桥梁步行板上堆放石渣、枕木、钢轨等路料时，应考虑设计负荷和桥体两侧平衡。

35.【参考答案】×

【解析】挖掘土方应从上而下施工，禁止采用挖空底脚的操作方法，并做好排水措施。

36.【参考答案】√

【解析】在铁路建设、施工、运行和维修工作中，要加强与河道管理部门联系和汛期流量监测等工作，确保铁路桥梁、路基安全稳固。

37.【参考答案】√

【解析】露天电气设备和线路应采取雷电感应防护措施。

38.【参考答案】×

【解析】在常温下能与空气发生氧化反应放出热量而引起自燃的物质，应特殊保存，避免与空气接触。

39.【参考答案】×

【解析】用不活泼气体取代空气，避免含氧空气进入系统，可降低氧气的浓度，使爆炸过程不能形成。

40.【参考答案】×

【解析】输送可燃气体或液体的管道，使用前应做耐压试验和气密性检查。

41.【参考答案】×

【解析】对与水作用能够生成可燃气体的物质，应采用防潮措施。如电石与水作用可生成乙炔气体，金属钠与水作用可生成氢气。

42.【参考答案】×

【解析】电焊时电流非常大，接触不良就会造成打火、产生火星，发生易燃易爆危险，所以电焊时不得利用与易燃易爆生产设备有联系的金属构件作为电焊接地线。

# 第五章 职业健康防护

## 一、单项选择题

**1. 以下哪项不是职业病的特点？(　　)**

A. 病因明确　　B. 所有的职业病后果都不可逆

C. 与职业活动密切相关　　D. 某些职业病具有缓发性特点

**2. 关于职业病预防，以下哪种说法是正确的？(　　)**

A. 职业病无法预防，只能治疗

B. 职业病预防与个人防护无关

C. 职业病预防不需要考虑个体差异

D. 通过改善工作环境和加强个人防护，可以有效地降低职业病发生率

**3. 以下哪种疾病不属于职业性尘肺病及其他呼吸系统疾病？(　　)**

A. 矽肺　　B. 过敏性肺炎

C. 肝癌　　D. 铸工尘肺

**4. 职业病危害因素来源于生产过程、劳动过程和作业环境，下列哪项属于劳动过程中产生的职业病危害因素？（　　）**

A. 噪声　　B. 用眼过度

C. 粉尘　　D. 高温

**5. 劳动者在工作中长期接触化学因素，下列哪种影响最为直接？（　　）**

A. 听力受损　　B. 呼吸道疾病

C. 冻伤　　D. 中暑

**6. 下列哪种职业病是由放射性因素引起的？（　　）**

A. 电焊工尘肺　　B. 噪声聋

C. 白血病　　D. 中暑

**7. 铁路行业中，哪个工种最容易受到噪声的危害？（　　）**

A. 熔接工　　B. 线路工

C. 装卸工　　D. 机车司机

**8.《中华人民共和国职业病防治法》中规定，职业病防治工作坚持预防为主、防治结合的方针，建立用人单位负责、行政机关监督、行业自律、职工参与和社会监督的机制，实行（　　）。**

A. 预防为主、防治结合　　B. 分类管理、综合治理

C. 行业自律、职工参与　　D. 单位负责、行政机关监管

**9. 对可能发生急性职业损伤的有毒、有害工作场所，用人单位应当设置报警装置，配置现场急救用品、冲洗设备、应急撤离通道和必要的（　　）。**

A. 安全区　　B. 危险区

C. 泄险区　　D. 隔离区

**10. 依据《中华人民共和国职业病防治法》，用人单位应当为劳动者建立（　　）档案，并按照规定的期限妥善保存。**

A. 员工健康检查　　B. 职业健康监护

C. 定期健康检查　　D. 职业健康体检

**11. 劳动者被诊断患有职业病，但用人单位没有依法参加工伤保险的，其医疗和生活保障由（　　）承担。**

A. 用人单位　　B. 劳动者本人

C. 工会组织　　D. 民政部门

**12. 职业病危害严重的用人单位，应当委托具有相应资质的职业卫生技术服务机构，每（　　）年至少进行一次职业病危害现状评价。**

A. 1　　　　B. 2

C. 3　　　　D. 4

**13. 对可能产生职业病危害的建设项目，建设单位应当在建设项目（　　）阶段进行职业病危害预评价，编制预评价报告。**

A. 可行性论证　　　　B. 初步设计

C. 施工图设计　　　　D. 施工建设

**14. 建设项目的职业病防护设施所需费用应当纳入建设项目工程预算，并与主体工程（　　）。**

A. 同时设计、同时施工、同时检验

B. 同时设计、同时施工、同时投入生产和使用

C. 同时设计、同时施工、同时验收

D. 同时施工、同时验收、同时使用

**15. 职业健康监护是职业危害防治的一项主要内容，下列不属于用人单位职业健康监护工作责任的是（　　）。**

A. 组织职业健康检查

B. 如实提交劳动者材料

C. 定期安排在岗期间的职业健康检查

D. 安排劳动者从事接触职业病危害的作业

**16. 用人单位应当建立职业病危害因素定期检测制度，每年至少委托具备资质的职业卫生技术服务机构对其存在职业病危害因素的工作场所进行（　　）。**

A. 两次全面检测　　　　B. 不定期检测

C. 一次全面检测　　　　D. 三次全面检测

**17. 用人单位应当实施由专人负责的职业病危害因素（　　），并确保监测系统处于正常运行状态。**

A. 日常检查　　　　B. 监控、监测

C. 日常监控　　　　D. 日常监测

**18. 下列预防职业病的措施，属于第一级预防的是（　）**

A. 定期体检

B. 以低毒原材料替代高毒原材料以减少职业病发生

C. 及时治疗

D. 轮换休息

**19. 关于职业病预防“三级预防”下列说法正确的是（　　）。**

A. 第一级预防，又称发病预防

B. 第二级预防，又称保健预防

C. 第三级预防，是在病人患职业病以前，定期进行体格检查

D. 第一级预防是理想方法，一般所需投入比第二级预防和第三级预防要少，且效果更好

**20. 职业病危害因素检测、评价由依法设立的取得设区的（　　）以上地方人民政府卫生行政部门按照职责分工给予资质认可的职业卫生技术服务机构进行。**

A. 省级　　B. 市级

C. 县级　　D. 镇级

**21. 下列属于防毒设备设施的是（　　）。**

A. 空调　　B. 过滤设备

C. 屏蔽网　　D. 减振器

**22. 根据《用人单位劳动防护用品管理规范》，按防御的职业病危害因素及人体部位，劳动防护用品可分为（　　）。**

A.10 类　　B.8 类

C.6 类　　D.4 类

**23. 用人单位应当为劳动者提供符合（　　）的劳动防护用品。**

A. 国家标准或者行业标准　　B. 国家标准或者企业标准

C. 行业标准或者企业标准　　D. 工业标准或者企业标准

**24. 用人单位是职业健康监护工作的责任主体，其（　　）对本单位职业健康监护工作全面负责。**

A. 主要负责人　　B. 分管负责人

C. 卫生负责人　　D. 专职人员

**25. 用人单位在委托职业健康检查机构对从事接触职业病危害作业的劳动者进行职业健康检查时，下列不属于此过程中提交的资料的是（　　）。**

A. 工作场所职业病危害因素种类及其接触人员名册

B. 职业病危害因素定期检测、评价结果

C. 职业健康档案

D. 用人单位的基本情况

**26. 对准备脱离所从事的职业病危害作业或者岗位的劳动者，用人单位应当在劳动者离岗前（　　）日内组织劳动者进行离岗时的职业健康检查。**

A. 15　　B. 30

C. 60　　D. 90

**27. 按照劳动者接触的职业病危害因素，职业健康检查的类别不包括（　　）。**

A. 接触粉尘类　　B. 接触化学因素类

C. 接触物理因素类　　D. 接触环境类

**28. 职业健康检查机构应当建立职业健康检查档案，且保存时间应当自劳动者最后一次职业健康检查结束之日起不少于（　　）年。**

A. 3　　B. 5

C. 10　　D. 15

**29. 如果当事人对职业病诊断机构作出的职业病诊断有异议，可以在接到职业病诊断证明书之日起（　　）日内，向作出诊断的职业病诊断机构所在地设区的市级卫生健康主管部门申请鉴定。**

A. 6　　B. 10

C. 15　　D. 30

**30. 按照《职业病诊断与鉴定管理办法》，劳动者不可以在（　　）的职业病诊断机构进行职业病诊断。**

A. 用人单位所在地　　B. 本人户籍所在地

C. 临时居住地　　D. 经常居住地

**31. 劳动者离岗前（　　）日内的在岗期间职业健康检查可以视为离岗时的职业健康检查。**

A. 30　　B. 60

C. 90　　D. 120

**32. 铁路工作场所可能存在高温环境，长时间处于高温环境中可能导致中暑等健康问题。因此，需要监测工作场所的（　　），并采取必要的降温措施。**

A. 温度和紫外线指数　　B. 温度和湿度

C. 湿度和紫外线指数　　D. 紫外线指数和太阳辐射

**33. 下列不属于防尘设备的是（　　）。**

A. 防护罩　　B. 集尘风罩

C. 过滤设备（滤芯）　　D. 洒水器

**34. 防尘口罩和防毒面罩是防御（　　）。**

A. 缺氧空气和空气污染物进入呼吸道的呼吸防护用品

B. 物理和化学危险、有害因素对眼面部伤害的眼面部防护用品

C. 物理、化学和生物危险、有害因素对头部伤害的头部防护用品

D. 噪声危害及防水、防寒等耳部防护用品

**35. 用人单位应当选择由（　　）人民政府卫生健康行政部门批准的医疗卫生机构承担职业健康检查工作。**

A. 市级以上　　B. 省级以上

C. 县级以上　　D. 乡级以上

## 二、多项选择题

**1. 根据《中华人民共和国职业病防治法》规定，法定职业病必须满足以下哪几个条件？（　　）**

A. 患病主体是企业、事业单位或个体经济组织等用人单位的劳动者

B. 必须是在从事职业活动的过程中产生的

C. 必须是因接触粉尘、放射性物质和其他有毒、有害物质因素引起的

D. 必须是国家公布的《职业病分类和目录》所列的职业病

**2. 职业病危害因素主要包括（　　）。**

A. 粉尘　　B. 化学因素

C. 物理因素　　D. 放射性因素

**3. 下列哪些职业病一般是由物理因素引起的？（　　）**

A. 电焊工尘肺　　B. 噪声聋

C. 中暑　　D. 手臂振动病

**4. 下列哪些工种在铁路行业中通常受到噪声的危害？（　　）**

A. 机车司机　　B. 机车机械维修工

C. 线路工　　D. 信号工

**5.《中华人民共和国职业病防治法》规定，用人单位应当采取职业病防治管理措施，下列关于职业病管理措施的说法正确的有（　　）。**

A. 建立、健全职业卫生管理制度和操作规程

B. 制定职业病防治计划和实施方案

C. 建立、健全职业病危害事故应急救援预案

D. 建立、健全职业卫生档案和劳动者健康监护档案

**6. 产生职业病危害的用人单位的工作场所应当符合职业卫生基本要求，在醒目位置设置公告栏，公布有关职业病防治的规章制度和（　　）。**

A. 操作规程

B. 工作场所职业病危害因素检测结果

C. 职业健康检查结果

D. 职业病危害事故应急救援措施

**7. 用人单位应当保障职业病病人依法享受国家规定的职业病待遇。这些待遇包括（　　）。**

A. 对从事接触职业病危害的作业的劳动者，应当给予表扬和奖金补偿

B. 对不适宜继续从事原工作的职业病病人，应当调离原岗位，并妥善安置

C. 按照国家有关规定，安排职业病病人进行治疗、康复和定期检查

D. 对从事接触职业病危害的作业的劳动者，应当给予适当岗位津贴

**8. 关于职业病病人的诊断和医疗费用，以下表述正确的有（　　）。**

A. 职业病患者的诊疗、康复费用按工伤保险规定执行

B. 职业病患者的鉴定费用由患者承担

C. 职业病患者除工伤保险外，尚有获得赔偿的权利的，有权向用人单位提出赔偿要求

D. 疑似职业病住院费用由患者普通医保支付

**9. 用人单位与劳动者订立劳动合同时，应当将工作过程中可能产生的（　　）如实告知劳动者，并在劳动合同中写明，不得隐瞒或者欺骗。**

A. 职业病危害及其后果　　B. 职业病防护措施

C. 职业病待遇　　D. 职业晋升要求

**10. 用人单位应当按照国务院卫生行政部门的规定，定期对工作场所进行职业病危害因素检测、评价。将（　　）存入职业卫生档案，定期向所在地卫生行政部门报告。**

A. 检测方法　　B. 检测结果

C. 评价过程　　D. 评价结果

**11. 职业病危害因素识别方法有哪些？（　　）**

A. 类比法　　B. 经验法

C. 系统工程分析法　　D. 检测、检验法

**12. 铁路行业有哪些常见的职业病危害因素监测？（　　）**

A. 噪声监测　　B. 振动监测

C. 空气污染监测　　D. 高温环境监测

**13. 在发生焊接烟尘中毒事故后，下列属于应采取应急救援措施的有（　　）。**

A. 立即停止焊接作业　　B. 脱离中毒区域

C. 实施急救措施　　D. 通知救援人员

**14. 下列关于用人单位职业健康监护工作责任，说法正确的有（　　）。**

A. 用人单位应当组织劳动者进行职业健康检查，但不需承担职业健康检查费用

B. 用人单位应安排劳动者在岗期间进行定期健康检查

C. 用人单位不得安排未成年工从事接触职业病危害的作业

D. 用人单位可以不建立职业监护档案

**15. 用人单位应当为劳动者个人建立职业健康监护档案。职业健康监护档案包括下列内容（　　）。**

A. 劳动者姓名、性别、年龄、籍贯、婚姻、文化程度、嗜好等情况

B. 劳动者职业史、既往病史和职业病危害接触史

C. 历次职业健康检查结果及处理情况

D. 职业病诊疗资料

**16. 用人单位有（　　）情形的，责令限期治理，并处 5 万元以上 30 万元以下的罚款；情节严重的，责令停止产生职业病危害的作业，或者提请有关人民政府按照国务院规定的权限责令关闭。**

A. 未按照规定在劳动者离开用人单位时提供职业健康监护档案复印件的

B. 安排未成年工从事接触职业病危害的作业的

C. 安排孕期、哺乳期女职工从事对本人和胎儿、婴儿有危害的作业的

D. 安排未经职业健康检查的劳动者从事接触职业病危害的作业的

**17. 下列哪些劳动者需要进行上岗前的健康检查？（　　）**

A. 拟从事接触职业病危害作业的新录用劳动者

B. 转岗到接触职业病危害作业岗位的劳动者

C. 拟从事有特殊健康要求作业的劳动者

D. 年龄超过 45 岁的新入职职工

## 三、判断题

**1**. 职业性尘肺病是长期或反复接触特定职业病危害因素所致，与职业活动密切相关。

（　　）

**2**. 铁路职工面临的职业病危害因素主要包括粉尘、有毒气体、噪声等。

（　　）

**3**. 只要劳动者在工作中佩戴了防护设备，就能完全避免职业病危害因素的影响。

（　　）

**4**. 产生职业病危害的用人单位的工作场所应当生产布局合理，符合有害与无害作业分开的原则。

（　　）

**5**. 用人单位应当为劳动者提供符合国家职业卫生标准的职业病防护用品，并督促、指导劳动者按照使用规则正确佩戴、使用，可以发放钱物替代发放职业病防护用品。

（　　）

**6**. 存在或者产生职业病危害的工作场所、作业岗位、设备、设施，应当按照《工作场所职业病危害警示标识》的规定，在醒目位置设置图形、警示线、警示语句等警示标识和中文警示说明。

（ ）

**7**. 对确诊的职业病患者进行早期干预和治疗，防止病情恶化，属于职业病一级预防措施。

（ ）

**8**. 用人单位应当安排专项经费用于配备劳动防护用品，不得以货币或者其他物品替代。

（ ）

**9**. 用人单位使用的劳务派遣工、接纳的实习学生应当纳入本单位人员统一管理，并配备相应的劳动防护用品。

（ ）

**10**. 劳动者受到急性职业中毒危害或者出现职业中毒症状的，用人单位应当立即组织有关劳动者进行应急职业健康检查。

（ ）

**11**. 用人单位可以安排未成年工从事接触职业病危害的作业。

（ ）

**12**. 用人单位应当按照国家职业卫生标准的要求，制定、落实本单位职业健康检查年度计划，并保证所需要的专项经费。

（ ）

# 参考答案与解析

## 一、单项选择题

1.**【参考答案】**B

**【解析】**职业病的特点包括病因明确、与职业活动密切相关、某些职业病具有缓发性特点等。并非所有的职业病后果都不可逆，例如有些职业病（如骨骼肌肉性疾病）在初期可以通过治疗得到改善或控制。故选B。

2.【参考答案】D

【解析】职业病可以通过改善工作环境、减少有害因素暴露、加强个人防护等措施进行预防。个人防护是职业病预防的重要环节之一，它对于降低职业病的发生率起着关键作用，比如噪声聋可以通过佩戴耳塞进行预防。职业病预防需要考虑个体差异，因为即使在同一环境、同一工种中，职业损伤的发生概率和程度也可能因个体因素（如遗传、年龄、性别等）而有所不同。故选D。

3.【参考答案】C

【解析】根据2013年发布的《职业病分类和目录》，职业病分为10类132种。职业性尘肺病及其他呼吸系统疾病包括尘肺病（如矽肺、铸工尘肺等）和其他呼吸系统疾病（如过敏性肺炎）。肝癌并不属于这一类别。故选C。

4.【参考答案】B

【解析】劳动强度过大，劳动时间过长，用眼过度、长时间不良体位或使用不合理的工具等都属于劳动过程中产生的职业病危害因素。B项属于劳动过程中产生的职业病危害因素。其他选项均属于生产过程中产生的职业病危害因素。故选B。

5.【参考答案】B

【解析】化学因素如有害化学物质主要通过呼吸道、皮肤或消化道进入人体，损害人体健康。其中，呼吸道接触某些有害化学物质易患呼吸道疾病和肺癌，是最直接的影响。故选B。

6.【参考答案】C

【解析】放射性物质或辐射源长期作用于人体能破坏细胞结构和遗传物质，增加患癌风险，如白血病。而电焊工尘肺是由粉尘引起，噪声聋是由噪声引起，中暑是由高温引起。故选C。

7.【参考答案】D

【解析】机车司机在铁路行业中主要受到噪声的危害，可能导致噪声聋。故选D。

8.【参考答案】B

【解析】《中华人民共和国职业病防治法》第三条规定，职业病防治工作坚持预防为主、防治结合的方针，建立用人单位负责、行政机关监管、行业自律、职工参与和社会监督的机制，实行分类管理、综合治理的原则。故选B。

9.【参考答案】C

【解析】《工作场所职业卫生管理规定》第十七条第一款规定，在可能发生急性职业损伤的有毒、有害工作场所，用人单位应当设置报警装置，配置现场急救用品、冲洗设备、应急撤离通道和必要的泄险区。故选 C。

10.【参考答案】B

【解析】《中华人民共和国职业病防治法》第三十六条规定，用人单位应当为劳动者建立职业健康监护档案，并按照规定的期限妥善保存……故选 B。

11.【参考答案】A

【解析】《中华人民共和国职业病防治法》第五十九条规定，劳动者被诊断患有职业病，但用人单位没有依法参加工伤保险的，其医疗和生活保障由该用人单位承担。故选 A。

12.【参考答案】C

【解析】《工作场所职业卫生管理规定》第二十条第一款规定，职业病危害严重的用人单位，应当委托具有相应资质的职业卫生技术服务机构，每年至少进行一次职业病危害因素检测，每三年至少进行一次职业病危害现状评价。故选 C。

13.【参考答案】A

【解析】《建设项目职业病防护设施“三同时”监督管理办法》第九条规定，对可能产生职业病危害的建设项目，建设单位应当在建设项目可行性论证阶段进行职业病危害预评价，编制预评价报告。故选 A。

14.【参考答案】B

【解析】《建设项目职业病防护设施“三同时”监督管理办法》第三条第二款规定，建设项目职业病防护设施必须与主体工程同时设计、同时施工、同时投入生产和使用。建设单位应当优先采用有利于保护劳动者健康的新技术、新工艺、新设备和新材料，职业病防护设施所需费用应当纳入建设项目工程预算。故选 B。

15.【参考答案】D

【解析】用人单位是职业健康监护工作的责任主体，A、B、C 项均是用人单位职业健康监护工作责任，D 项说法错误。故选 D。

16.【参考答案】C

【解析】《用人单位职业病危害因素定期检测管理规范》第四条规定，用人单位应当建立职业病危害因素定期检测制度，每年至少委托具备资质的职业卫生技术服务机构对其存在职业病危害因素的工作场所进行一次全面检测。法律法规另有规定的，按其规定执行。故选C。

17.【参考答案】D

【解析】《中华人民共和国职业病防治法》第二十六条规定，用人单位应当实施由专人负责的职业病危害因素日常监测，并确保监测系统处于正常运行状态……故选D。

18.【参考答案】B

【解析】一级预防又称病因预防，是在疾病尚未发生时针对病因或危险因素采取措施，降低有害暴露的水平，增强个体对抗有害暴露的能力，预防疾病的发生或至少推迟疾病的发生。以低毒原材料替代高毒原材料，是针对危险因素降低了有害暴露的水平，属于一级预防。故选B。

19.【参考答案】D

【解析】第一级预防，又称病因预防。第二级预防，又称临床前期预防。第三级预防，是在病人患职业病以后，积极的治疗、康复和护理。第一级预防是理想方法，针对整体或选择人群，对人群健康和福利状态均能起根本作用，一般所需投入比第二级预防和第三级预防要少，且效果更好。故选D。

20.【参考答案】B

【解析】《中华人民共和国职业病防治法》第二十六条规定，……职业病危害因素检测、评价由依法设立的取得国务院卫生行政部门或设区的市级以上地方人民政府卫生行政部门按照职责分工给予资质认可的职业卫生技术服务机构进行……故选B。

21.【参考答案】B

【解析】防毒设备设施，包括隔离栏杆、防护罩、集毒风罩、过滤设备、排风扇、燃烧净化装置、吸收和吸附净化装置等。故选B。

22.【参考答案】A

【解析】根据《用人单位劳动防护用品管理规范》，按防御的职业病危害因素及人体部位，劳动防护用品可分为10类。故选A。

23.【参考答案】A

【解析】依据《用人单位劳动防护用品管理规范》及其他法律法规的规定，用人单位应当为劳动者提供符合国家标准或者行业标准的劳动防护用品。故选 A。

24.【参考答案】A

【解析】《用人单位职业健康监护监督管理办法》第七条第一款规定，用人单位是职业健康监护工作的责任主体，其主要负责人对本单位职业健康监护工作全面负责。故选 A。

25.【参考答案】C

【解析】《用人单位职业健康监护监督管理办法》第十条规定，用人单位在委托职业健康检查机构对从事接触职业病危害作业的劳动者进行职业健康检查时，应当如实提供下列文件、资料：（一）用人单位的基本情况；（二）工作场所职业病危害因素种类及其接触人员名册；（三）职业病危害因素定期检测、评价结果。故选 C。

26.【参考答案】B

【解析】《用人单位职业健康监护监督管理办法》第十五条第一款规定，对准备脱离所从事的职业病危害作业或者岗位的劳动者，用人单位应当在劳动者离岗前 30 日内组织劳动者进行离岗时的职业健康检查。故选 B。

27.【参考答案】D

【解析】职业健康检查分为六类：①接触粉尘类；②接触化学因素类；③接触物理因素类；④接触生物因素类；⑤接触放射因素类；⑥其他类（特殊作业等）。以上每类中包含不同检查项目。故选 D。

28.【参考答案】D

【解析】《职业健康检查管理办法》第二十条第一款规定，职业健康检查机构应当建立职业健康检查档案。职业健康检查档案保存时间应当自劳动者最后一次职业健康检查结束之日起不少于 15 年。故选 D。

29.【参考答案】D

【解析】《职业病诊断与鉴定管理办法》第三十四条第一款规定，当事人对职业病诊断机构作出的职业病诊断有异议的，可以在接到职业病诊断证明书之日起三十日内，向作出诊断的职业病诊断机构所在地设区的市级卫生健康主管部门申请鉴定。故选 D。

30.【参考答案】C

【解析】《职业病诊断与鉴定管理办法》第十九条规定，劳动者可以在用人单位所在地、本人户籍所在地或者经常居住地的职业病诊断机构进行职业病诊断。故选 C。

31.【参考答案】C

【解析】《用人单位职业健康监护监督管理办法》第十五条第一款规定，对准备脱离所从事的职业病危害作业或者岗位的劳动者，用人单位应当在劳动者离岗前 30 日内组织劳动者进行离岗时的职业健康检查。劳动者离岗前 90 日内的在岗期间的职业健康检查可以视为离岗时的职业健康检查。故选 C。

32.【参考答案】B

【解析】铁路工作场所可能存在高温环境，长时间处于高温环境中可能导致中暑等健康问题。因此，需要监测工作场所的温度和湿度，并采取必要的降温措施。故选 B。

33.【参考答案】A

【解析】防尘设备设施，包括集尘风罩、过滤设备（滤芯）、电除尘器、湿法除尘器、洒水器。防毒设备设施，包括隔离栏杆、防护罩、集毒风罩、过滤设备、排风扇、燃烧净化装置、吸收和吸附净化装置。故选 A。

34.【参考答案】A

【解析】防御缺氧空气和空气污染物进入呼吸道的呼吸防护用品，包括防尘口罩和防毒面罩。故选 A。

35.【参考答案】B

【解析】用人单位应当选择由省级以上人民政府卫生健康行政部门批准的医疗卫生机构承担职业健康检查工作，并确保参加职业健康检查的劳动者身份的真实性。故选 B。

## 二、多项选择题

1.【参考答案】ABCD

【解析】《中华人民共和国职业病防治法》规定，职业病是指企业、事业单位和个体经济组织等用人单位的劳动者在职业活动中，因接触粉尘、放射性物质和其他有毒、有害因素而引起的疾病。法定职业病必须满足以下四个条件：①患病主体是企业、事业单位或个体经济组织等用人单位的劳动者；②必须是在从事职业活动的过程中产生的；③必须是因接触粉尘、放射性物质和其他有毒、有害物质因素引起的；④必须是国家公布的《职业病分类和目录》所列的职业病。故选ABCD。

2.【参考答案】ABCD

【解析】职业病危害是指可能导致从事职业活动的劳动者发生职业病的各种危害。职业病危害因素包括粉尘、化学因素、物理因素和放射性因素。故选ABCD。

3.【参考答案】BCD

【解析】噪声聋是由噪声引起，中暑是由高温引起，手臂振动病是由振动引起，均属于物理因素导致的职业病。而电焊工尘肺是由粉尘引起，苯所致白血病是由化学因素引起。故选 BCD。

4.【参考答案】AB

【解析】机车司机和机车机械维修工在铁路行业中主要受到噪声的危害。故选 AB。

5.【参考答案】ABCD

【解析】《中华人民共和国职业病防治法》第二十条规定，用人单位应当采取下列职业病防治管理措施：（一）设置或者指定职业卫生管理机构或者组织，配备专职或者兼职的职业卫生管理人员，负责本单位的职业病防治工作；（二）制定职业病防治计划和实施方案；（三）建立、健全职业卫生管理制度和操作规程；（四）建立、健全职业卫生档案和劳动者健康监护档案；（五）建立、健全工作场所职业病危害因素监测及评价制度；（六）建立、健全职业病危害事故应急救援预案。故选 ABCD。

6.【参考答案】ABD

【解析】《工作场所职业卫生监督管理规定》第十五条第一款规定，产生职业病危害的用人单位，应当在醒目位置设置公告栏，公布有关职业病防治的规章制度、操作规程、职业病危害事故应急救援措施和工作场所职业病危害因素检测结果。故选 ABD。

7.【参考答案】BCD

【解析】《中华人民共和国职业病防治法》第五十六条规定，用人单位应当保障职业病病人依法享受国家规定的职业病待遇。用人单位应当按照国家有关规定，安排职业病病人进行治疗、康复和定期检查。用人单位对不适宜继续从事原工作的职业病病人，应当调离原岗位，并妥善安置。用人单位对从事接触职业病危害的作业的劳动者，应当给予适当岗位津贴。故选 BCD。

8.【参考答案】AC

【解析】《中华人民共和国职业病防治法》第五十七条规定，职业病病人的诊疗、康复费用，伤残以及丧失劳动能力的职业病病人的社会保障，按照国家有关工伤保险的规定执行。第五十三条规定，……职业病诊断、鉴定费用由用人单位承担。第五十八条规定，职业病病人除依法享有工伤保险外，依照有关民事法律，尚有获得赔偿的权利的，有权向用人单位提出赔偿要求。第五十五条规定，……疑似职业病病人在诊断、医学观察期间的费用，由用人单位承担。故选 AC。

9.【参考答案】ABC

【解析】《中华人民共和国职业病防治法》第三十三条规定，用人单位与劳动者订立劳动合同（含聘用合同，下同）时，应当将工作过程中可能产生的职业病危害及其后果、职业病防护措施和待遇等如实告知劳动者，并在劳动合同中写明，不得隐瞒或者欺骗……故选 ABC。

10.【参考答案】BD

【解析】《中华人民共和国职业病防治法》第二十六条规定，……用人单位应当按照国务院卫生行政部门的规定，定期对工作场所进行职业病危害因素检测、评价。检测、评价结果存入用人单位职业卫生档案，定期向所在地卫生行政部门报告并向劳动者公布……故选 BD。

11.【参考答案】ABCD

【解析】职业病危害因素识别方法包括类比法，经验法，系统工程分析法，检测、检验法。故选 ABCD。

12.【参考答案】ABCD

【解析】铁路行业常见职业病危害因素监测包括噪声监测、振动监测、空气污染监测、高温环境监测。故选 ABCD。

13.【参考答案】ABCD

【解析】在发生焊接烟尘中毒事故后，应先立即停止作业、尽快脱离中毒区域、通知救援人员，然后实施急救措施，针对焊接烟尘中毒事故采取预防措施。故选 ABCD。

14.【参考答案】BC

【解析】《用人单位职业健康监护监督管理办法》第八条规定，用人单位应当组织劳动者进行职业健康检查，并承担职业健康检查费用。劳动者接受职业健康检查应当视同正常出勤。第十二条第二款规定，用人单位不得安排未成年工从事接触职业病危害的作业。第十三条第一款规定，用人单位应当根据劳动者所接触的职业病危害因素，定期安排劳动者进行在岗期间的职业健康检查。第十九条规定，用人单位应当为劳动者个人建立职业健康监护档案，并按照有关规定妥善保存……故选 BC。

15.【参考答案】ABCD

【解析】《用人单位职业健康监护监督管理办法》第十九条规定，用人单位应当为劳动者个人建立职业健康监护档案，并按照有关规定妥善保存……职业健康监护档案包括下列内容:（一）劳动者姓名、性别、年龄、籍贯、婚姻、文化程度、嗜好等情况；（二）劳动者职业史、既往病史和职业病危害接触史；（三）历次职业健康检查结果及处理情况；（四）职业病诊疗资料；（五）需要存入职业健康监护档案的其他有关资料。故选 ABCD。

16.【参考答案】BCD

【解析】《用人单位职业健康监护监督管理办法》第二十九条规定，用人单位有下列情形之一的，责令限期治理，并处 5 万元以上 30 万元以下的罚款；情节严重的，责令停止产生职业病危害的作业，或者提请有关人民政府按照国务院规定的权限责令关闭:（一）安排未经职业健康检查的劳动者从事接触职业病危害的作业的；（二）安排未成年工从事接触职业病危害的作业的；（三）安排孕期、哺乳期女职工从事对本人和胎儿、婴儿有危害的作业的；（四）安排有职业禁忌的劳动者从事所禁忌的作业的。故选 BCD。

17.【参考答案】ABC

【解析】《用人单位职业健康监护监督管理办法》第十一条规定，用人单位应当对下列劳动者进行上岗前的职业健康检查:（一）拟从事接触职业病危害作业的新录用劳动者，包括转岗到该作业岗位的劳动者；（二）拟从事有特殊健康要求作业的劳动者。故选 ABC。

## 三、判断题

1.【参考答案】√

【解析】职业病的特点之一就是病因明确，源于长期或反复接触特定的职业病危害因素，如化学因素、物理因素等。而职业性尘肺病正是长期或反复接触粉尘等职业病危害因素所致，与职业活动密切相关。

2.【参考答案】√

【解析】铁路职工在日常工作中确实面临着包括粉尘、有毒气体、噪声等在内的多种职业病危害因素。

3.【参考答案】×

【解析】虽然佩戴防护设备是预防职业病危害因素的重要措施之一，但它并不能完全避免职业病危害因素的影响。防护设备的作用主要是减少或降低劳动者接触职业病危害因素的风险，但不能完全消除这些风险。除了佩戴防护设备外，预防职业病还需要采取其他措施，如改善工作环境、优化工艺流程、加强职业卫生管理等。这些措施综合起来，才能更有效地预防职业病的发生。

4.【参考答案】√

【解析】《工作场所职业卫生管理规定》第十二条规定，产生职业病危害的用人单位的工作场所应当符合下列基本要求：（一）生产布局合理，有害作业与无害作业分开；（二）工作场所与生活场所分开，工作场所不得住人；（三）有与职业病防治工作相适应的有效防护设施；（四）职业病危害因素的强度或者浓度符合国家职业卫生标准；（五）有配套的更衣间、洗浴间、孕妇休息间等卫生设施；（六）设备、工具、用具等设施符合保护劳动者生理、心理健康的要求；（七）法律、法规、规章和国家职业卫生标准的其他规定。

5.【参考答案】×

【解析】《工作场所职业卫生管理规定》第十六条第一款规定，用人单位应当为劳动者提供符合国家职业卫生标准的职业病防护用品，并督促、指导劳动者按照使用规则正确佩戴、使用，不得发放钱物替代发放职业病防护用品。

6.【参考答案】√

【解析】《工作场所职业卫生管理规定》第十五条第二款规定，存在或者产生职业病危害的工作场所、作业岗位、设备、设施，应当按照《工作场所职业病危害警示标识》(GBZ 158)的规定，在醒目位置设置图形、警示线、警示语句等警示标识和中文警示说明。警示说明应当载明产生职业病危害的种类、后果、预防和应急处置措施等内容。

7.【参考答案】×

【解析】二级预防也称为早期预防或临床前期预防，是在职业病发生后，通过早期发现、早期诊断和早期治疗，防止职业病发展、恶化和并发症的发生。此类措施属于二级预防。

8.【参考答案】√

【解析】《用人单位劳动防护用品管理规范》第六条规定，用人单位应当安排专项经费用于配备劳动防护用品，不得以货币或者其他物品替代。该项经费计入生产成本，据实列支。

9.【参考答案】√

【解析】依据《用人单位劳动防护用品管理规范》第九条，用人单位使用的劳务派遣工、接纳的实习学生应当纳入本单位人员统一管理，并配备相应的劳动防护用品……

10.【参考答案】√

【解析】《用人单位职业健康监护监督管理办法》第十四条规定，出现下列情况之一的，用人单位应当立即组织有关劳动者进行应急职业健康检查：(一)接触职业病危害因素的劳动者在作业过程中出现与所接触职业病危害因素相关的不适症状的；(二)劳动者受到急性职业中毒危害或者出现职业中毒症状的。

11.【参考答案】×

【解析】《用人单位职业健康监护监督管理办法》第十二条第二款规定，用人单位不得安排未成年工从事接触职业病危害的作业，不得安排孕期、哺乳期的女职工从事对本人和胎儿、婴儿有危害的作业。

12.【参考答案】√

【解析】《用人单位职业健康监护监督管理办法》第七条第二款规定，用人单位应当依照本办法以及《职业健康监护技术规范》(GBZ 188)、《放射工作人员职业健康监护技术规范》(GBZ 235)等国家职业卫生标准的要求，制定、落实本单位职业健康检查年度计划，并保证所需要的专项经费。

# 第六章 铁路应急管理

## 一、单项选择题

**1. 生产经营单位为应对各种生产安全事故而制定的综合性工作方案，是本单位应对生产安全事故的总体工作程序、措施和应急预案体系的总纲，是（　　）。**

A. 综合应急预案　　B. 专项应急预案

C. 现场处置方案　　D. 现场处置预案

**2. 运输单位等生产经营单位，应当每（　　）年进行一次应急预案评估。**

A. 2　　B. 3

C. 4　　D. 1

**3. 根据《生产安全事故应急预案管理办法》，（　　）的管理实行属地为主、分级负责、分类指导、综合协调、动态管理的原则。**

A. 生产事故　　B. 安全事故

C. 应急预案　　D. 应急管理

**4. 国家铁路局负责日常应急管理的部门是（　　）。**

A. 铁路工程监督管理司　　B. 铁路安全监督管理办公室

C. 铁路安全生产管理办公室　　D. 铁路运输管理监督司

**5. 对潜在事故进行确认并采取预防事故的有效措施（危害辨识、评价和监控、制定法规、规程等）是（　　）。**

A. 准备程序　　B. 预防程序

C. 基本应急程序　　D. 恢复程序

**6. 应急预案的重点内容包括计划概况、预防程序、（　　）、基本应急程序、特殊危险应急程序及恢复程序。**

A. 准备程序　　B. 确认程序

C. 危害辨识程序　　D. 实施程序

**7. 针对特殊危险性事故的应急程序（化学品泄漏等）是下列哪个选项？（　　）**

A. 准备程序　　B. 预防程序

C. 恢复程序　　D. 特殊危险应急程序

**8. 生产经营单位应当制订本单位的应急预案演练计划，根据本单位的事故风险特点，每年至少组织（　　）次综合应急预案演练或者专项应急预案演练。**

A. 1　　B. 2

C. 3　　D. 4

**9.（　　）负责在应急预案启动后，指挥场外与场内的应急活动。**

A. 管理机构　　B. 功能部门

C. 指挥中心　　D. 救援队伍

**10.（　　）规定，生产经营单位应当加强生产安全事故应急工作，建立、健全生产安全事故应急工作责任制，其主要负责人对本单位的生产安全事故应急工作全面负责。**

A.《中华人民共和国突发事件应对法》

B.《生产安全事故应急条例》

C.《中华人民共和国安全生产法》

D.《中华人民共和国劳动法》

**11.（　　）是指生产经营单位根据不同生产安全事故类型，针对具体场所、装置或者设施所制定的应急处置措施。**

A. 综合应急预案　　B. 专用应急预案

C. 专项应急预案　　D. 现场处置方案

**12.（　　）是简述应急管理过程，并提供必要的说明（简介、有关概念、应急组织及职责等）。**

A. 预防程序　　B. 准备程序

C. 基本应急程序　　D. 计划概况

**13. 应急预案又称（　　），是针对可能发生的突发事件，为保证迅速、有序、有效地开展应急处置与救援行动，降低突发事件损失而预先制订的计划和方案。**

A. 应急预案管理　　B. 应急预案辨识

C. 应急机构　　D. 应急计划

**14. 应急预案的（　　）应当注重基本要素的完整性、组织体系的合理性，应急处置程序和措施的针对性等内容。**

A. 评审或者论证　　B. 公布或者论证

C. 备案　　D. 认证

**15.（　　）负责本行政区域内应急预案的综合协调管理工作。**

A. 国务院

B. 应急管理部

C. 县级以上地方各级人民政府应急管理部门

D. 安全生产监督管理部

**16. 铁路生产经营单位，应当在应急预案公布之日起（　　）个工作日内，按照分级属地原则，向县级以上人民政府应急管理部门和其他负有安全生产监督管理职责的部门进行备案。**

A. 10　　B. 15

C. 20　　D. 25

**17.（　　）是指生产经营单位为应对某一种或者多种类型生产安全事故，或者针对重要生产设施、重大危险源、重大活动防止生产安全事故而制定的专项性工作方案。**

A. 综合应急预案　　B. 专用应急预案

C. 专项应急预案　　D. 现场处置方案

**18.（　　）负责全国应急预案的综合协调管理工作。**

A. 应急管理部　　B. 国务院

C. 县级以上地方各级人民政府　　D. 安全生产监督管理部

**19. 应对严重自然灾害、事故灾难、突发公共卫生事件、社会安全事件所必备的保障性物资设备是（　　）。**

A. 生活保障类物资　　B. 应急物资装备

C. 应急救援装备　　D. 生命救助物资

**20.（　　）是应急管理体系的基础和保障，也是开展各项应急活动的依据。**

A. 法律基础　　B. 保障系统

C. 组织机制　　D. 运作机制

**21. 生产经营单位应当制订本单位的应急预案演练计划，根据本单位的事故风险特点，每（　　）至少组织一次现场处置方案演练。**

A. 半年　　B. 一年

C. 一年半　　D. 两年

**22. 由应急机构的代表或关键岗位人员参加的，按照应急预案及其标准运作程序讨论紧急情况时所应采取的行动的演练活动是（　　）。**

A. 口头演练　　B. 功能演练

C. 全面演练　　D. 桌面演练

**23. 应急演练过程可划分为（　　）个阶段。**

A. 1　　B. 3

C. 2　　D. 4

**24. 针对应急预案中全部或大部分应急响应功能，检验、评价应急机构应急运行能力的演练活动是（　　）。**

A. 全面演练　　B. 口头演练

C. 单项演练　　D. 组合演练

**25. 功能演练又称（　　），是指针对某项应急响应功能或其中某些应急响应行动进行的演练活动。**

A. 全面演练　　B. 口头演练

C. 专项演练　　D. 应急演练

**26. 城市轨道交通运营等单位，应当至少每（　　）组织一次生产安全事故应急预案演练。**

A. 半年　　B. 一年

C. 一年半　　D. 两年

**27. 完整的事故应急预案文件应包括（　　）个层次的内容。**

A. 2　　B. 3

C. 4　　D. 5

**28. 功能演练可分为单项演练和（　　）。**

A. 双项演练　　B. 多项演练

C. 桌面演练　　D. 组合演练

**29. 应急预案的编制过程一般可以分为（　　）个阶段。**

A. 8　　B. 4

C. 5　　D. 6

**30. 桌面演练的主要特点是进行（　　），一般在会议室内举行。**

A. 功能演习　　B. 全面演习

C. 口头演练　　D. 功能演练

## 二、多项选择题

**1. 应急物资装备主要包括（　　）。**

A. 生活保障类物资　　B. 应急救援装备

C. 办公用品　　D. 办公耗材

**2. 铁路应急管理体系的组织机制包括（　　）。**

A. 管理机构　　B. 功能部门

C. 指挥中心　　D. 救援队伍

**3. 应急保障系统主要包括哪些方面？（　　）**

A. 信息与通信　　B. 物资与装备

C. 人力资源　　D. 应急财务保障

**4. 下列属于应急培训对象专职应急队伍的有（　　）。**

A. 消防队伍　　B. 医疗卫生人员

C. 危险化学品及电力等专业工程抢险队伍　　D. 临时外来人员

**5. 应急预案的重点内容包括（　　）。**

A. 计划概况　　B. 预防程序

C. 准备程序　　D. 基本应急程序

**6. 下列属于应急培训对象的有（　　）。**

A. 生产经营单位各级领导　　B. 专业应急人员

C. 一般应急人员　　D. 专职应急队伍

**7. 应急演练的类型、规模、持续时间、演练情景等虽有所不同，但应急演练过程中均包括（　　）。**

A. 事前通知　　B. 讲解演练方案与演练活动

C. 演练控制　　D. 演练记录

**8. 下列属于生活保障类的物资有（　　）。**

A. 个体防护物资　　B. 生命救助物资

C. 临时食宿物资　　D. 民政救灾物资

**9. 应急物资装备的维护主要包括（　　）。**

A. 定期维护　　B. 日常维护

C. 随时维护　　D. 紧急维护

**10. 与应急有关的法律法规体系包含（　　）。**

A. 法律　　B. 行政法规

C. 地方性法规与规章　　D. 标准规范

**11. 应急演练结束后，演练总结与评估主要包括（　　）。**

A. 演练评估报告　　B. 演练总结

C. 演练控制　　D. 演练实施

**12. 完整的铁路应急管理体系包括（　　）。**

A. 组织机制　　B. 运作机制

C. 法律基础　　D. 保障系统

**13. 应急演练过程可划分为哪几个阶段？（　　）**

A. 演练内容　　B. 演练实施

C. 演练总结和评估　　D. 演练准备

**14. 应急演练按照演练复杂程度和规模、所需评价人员的数量与资源等状况可以分为（　　）。**

A. 桌面演练　　B. 口头演练

C. 全面演练　　D. 功能演练

**15. 铁路应急管理体系的运作机制主要由哪几个基本机制组成？（　　）**

A. 统一指挥　　B. 分级响应

C. 属地为主　　D. 职工动员

**16. 应急管理按阶段可划分为哪些应对活动？（　　）**

A. 预防与应急准备　　B. 监测与预警

C. 应急处置与救援　　D. 应急财务保障

**17. 应急救援物资装备的配置应坚持以下哪几个原则？（　　）**

A. 依法配备　　B. 合理配备

C. 大量配备　　D. 关键设备双套配备

**18. 生产经营单位应急预案分为哪些内容？（　　）**

A. 综合应急预案　　B. 专项应急预案

C. 现场处置方案　　D. 事故调查处理规程

## 三、判断题

**1.** 生产经营单位应当针对本单位可能发生的生产安全事故的特点和危害，进行风险辨识和评估，制定相应的生产安全事故应急预案，并向本单位从业人员公布。

（　　）

**2.** 应急预案明确了在突发事件发生之前、发生过程中以及刚刚结束之后，谁负责做什么，何时做，以及相应的策略和资源准备等。

（　　）

**3.** 应急处置必须坚持“以人为本”和“安全优先”的原则。

（　　）

**4.** 应急指挥一般由分管负责人或事发单位第一负责人担任。

（　　）

**5.** 按照使用状态，应急救援装备可分为日常应急救援装备和战时应急救援装备两类。

（　　）

**6.** 应急预案的评审或者论证应当注重基本要素的完整性、组织体系的合理性、应急处置程序和措施的针对性、应急保障措施的可行性，应急预案的衔接性等内容。
( )

**7.** 铁路应急管理体系的运作机制主要由统一指挥、分级响应、属地为主和职工动员这四个基本机制组成。统一指挥是铁路应急活动的基本原则。
( )

**8.** 应急预案编制完成即可公布。
( )

**9.** 生产经营单位应当制订本单位的应急预案演练计划，根据本单位的事故风险特点，每半年至少组织一次综合应急预案演练或者专项应急预案演练，每一年至少组织一次现场处置方案演练。
( )

**10.** 建立全国铁路系统统一的突发事件信息系统，突发事件信息实行逐级报告制度，报告突发事件信息，不必及时、客观，但不得迟报、谎报、瞒报、漏报。
( )

**11.** 铁路应急管理体系的组织机制中的救援队伍负责在应急预案启动后，指挥场外场内的应急活动。
( )

**12.** 应急装备没有必要进行双套配置。
( )

## 参考答案与解析

### 一、单项选择题

1.【参考答案】A

【解析】综合应急预案是指生产经营单位为应对各种生产安全事故而制定的综合性工作方案，是本单位应对生产安全事故的总体工作程序、措施和应急预案体系的总纲。故选 A。

2.【参考答案】B

【解析】运输单位等生产经营单位，应当每3年进行一次应急预案评估。故选B。

3.【参考答案】C

【解析】《生产安全事故应急预案管理办法》第三条规定，应急预案的管理实行属地为主、分级负责、分类指导、综合协调、动态管理的原则。故选C。

4.【参考答案】B

【解析】国家铁路局负责日常应急管理的部门是铁路安全监督管理办公室。国家铁路局通过其下属的铁路安全监督管理办公室来履行日常应急管理的职责。故选B。

5.【参考答案】B

【解析】预防程序就是对潜在事故进行确认并采取预防事故的有效措施（危害辨识、评价和监控、制定法规、规程等）。故选B。

6.【参考答案】A

【解析】应急预案的重点内容包括计划概况、预防程序、准备程序、基本应急程序、特殊危险应急程序及恢复程序。故选A。

7.【参考答案】D

【解析】特殊危险应急程序是针对特殊危险性事故的应急程序（化学品泄漏等）。故选D。

8.【参考答案】A

【解析】生产经营单位应当制订本单位的应急预案演练计划，根据本单位的事故风险特点，每年至少组织1次综合应急预案演练或者专项应急预案演练。故选A。

9.【参考答案】C

【解析】指挥中心负责在应急预案启动后，指挥场外与场内的应急活动。故选C。

10.【参考答案】B

【解析】《生产安全事故应急条例》第四条规定，生产经营单位应当加强生产安全事故应急工作，建立、健全生产安全事故应急工作责任制，其主要负责人对本单位的生产安全事故应急工作全面负责。故选B。

11.【参考答案】D

【解析】现场处置方案是指生产经营单位根据不同生产安全事故类型，针对具体场所、装置或者设施所制定的应急处置措施。故选D。

12.【参考答案】D

【解析】计划概况：简述应急管理过程，并提供必要的说明（简介、有关概念、应急组织及职责等）。故选D。

13.【参考答案】D

【解析】应急预案又称应急计划，是针对可能发生的突发事件，为保证迅速、有序、有效地开展应急处置与救援行动，降低突发事件损失而预先制订的计划和方案。故选D。

14.【参考答案】A

【解析】应急预案的评审或者论证应当注重基本要素的完整性、组织体系的合理性，应急处置程序和措施的针对性等内容。故选A。

15.【参考答案】C

【解析】县级以上地方各级人民政府应急管理部门负责本行政区域内应急预案的综合协调管理工作。故选C。

16.【参考答案】C

【解析】运输单位等人员密集场所经营单位，应当在应急预案公布之日起20个工作日内，按照分级属地原则，向县级以上人民政府应急管理部门和其他负有安全生产监督管理职责的部门进行备案，并依法向社会公布。故选C。

17.【参考答案】C

【解析】专项应急预案是指生产经营单位为应对某一种或者多种类型生产安全事故，或者针对重要生产设施、重大危险源、重大活动防止生产安全事故而制定的专项性工作方案。故选C。

18.【参考答案】A

【解析】《生产安全事故应急预案管理办法》第四条第一款规定，应急管理部负责全国应急预案的综合协调管理工作……故选A。

19.【参考答案】B

【解析】应急物资装备是指应对严重自然灾害、事故灾难、突发公共卫生事件、社会安全事件所必备的保障性物资设备。应急物资装备主要包括生活保障类物资、应急救援装备。故选 B。

20.【参考答案】A

【解析】法律基础是应急管理体系的基础和保障，也是开展各项应急活动的依据。故选 A。

21.【参考答案】A

【解析】生产经营单位应当制订本单位的应急预案演练计划，根据本单位的事故风险特点，每半年至少组织一次现场处置方案演练。故选 A。

22.【参考答案】D

【解析】桌面演练是指由应急机构的代表或关键岗位人员参加的，按照应急预案及其标准运作程序讨论紧急情况时所应采取的行动的演练活动。故选 D。

23.【参考答案】B

【解析】应急演练过程可划分为演练准备、演练实施、演练总结和评估 3 个阶段。故选 B。

24.【参考答案】A

【解析】全面演练指针对应急预案中全部或大部分应急响应功能，检验、评价应急机构应急运行能力的演练活动。故选 A。

25.【参考答案】C

【解析】功能演练又称专项演练，是指针对某项应急响应功能或其中某些应急响应行动进行的演练活动。故选 C。

26.【参考答案】A

【解析】城市轨道交通运营等单位，应当至少每半年组织一次生产安全事故应急预案演练，并将演练情况报送所在地县级以上地方人民政府负有安全生产监督管理职责的部门。故选 A。

27.【参考答案】C

【解析】完整的事故应急预案文件应包括 4 个层次的内容。故选 C。

28.【参考答案】D

【解析】功能演练又称专项演练，是指针对某项应急响应功能或其中某些应急响应行动举行的演练活动，可分为单项演练和组合演练。故选 D。

29.【参考答案】D

【解析】应急预案的编制过程一般可以分为 6 个阶段。故选 D。

30.【参考答案】C

【解析】桌面演练的主要特点是进行口头演练，一般在会议室内进行。故选 C。

## 二、多项选择题

1.【参考答案】AB

【解析】应急物资装备是指应对严重自然灾害、事故灾难、公共卫生事件、社会安全事件所必备的保障性物资装备。应急物资装备主要包括生活保障类物资、应急救援装备。故选 AB。

2.【参考答案】ABCD

【解析】铁路应急管理体系的组织机制包括管理机构、功能部门、指挥中心、救援队伍。故选 ABCD。

3.【参考答案】ABCD

【解析】应急保障系统主要包括信息与通信、物资与装备、人力资源、应急财务保障等方面。故选 ABCD。

4.【参考答案】ABC

【解析】应急培训的对象主要有以下几类：①生产经营单位各级领导、专业应急人员、一般应急人员、其他人员、临时外来人员；②专职应急队伍，包括消防队伍、医疗卫生人员、危险化学品及电力等专业工程抢险队伍。故选 ABC。

5.【参考答案】ABCD

【解析】应急预案的重点内容包括计划概况、预防程序、准备程序、基本应急程序、特殊危险应急程序及恢复程序。故选 ABCD。

6.【参考答案】ABCD

【解析】应急培训的对象主要有以下几类：①生产经营单位各级领导、专业应急人员、一般应急人员、其他人员、临时外来人员；②专职应急队伍，包括消防队伍、医疗卫生人员、危险化学品及电力等专业工程抢险队伍。故选 ABCD。

7.【参考答案】ABCD

【解析】应急演练实施阶段是指从宣布初始事件开始到演练结束的整个过程。应急演练的类型、规模、持续时间、演练情景等虽有所不同，但应急演练过程中均包括：①事前通知；②讲解演练方案与演练活动；③演练控制；④演练记录。故选 ABCD。

8.【参考答案】ABCD

【解析】生活保障类物资主要可以划分为个体防护物资、生命救助物资、临时食宿物资、污染清理物资、动力燃料、民政救灾物资、抢险物料等。故选 ABCD。

9.【参考答案】AB

【解析】应急物资装备的维护主要包括两种形式：①定期维护；②日常维护。故选 AB。

10.【参考答案】ABCD

【解析】法律基础是应急管理体系的基础和保障，与应急有关的法律法规体系可分为法律、行政法规、地方性法规与规章、标准规范 4 个层次。故选 ABCD。

11.【参考答案】AB

【解析】演练结束后，对是否实现演练目标、应急准备水平及是否需要改进等进行全面总结和评估是完善应急预案，提高应急预案实效性的重要步骤。演练总结与评估主要包括：①演练评估报告；②演练总结。故选 AB。

12.【参考答案】ABCD

【解析】完整的铁路应急管理体系包括组织机制、运作机制、法律基础、保障系统，总体要求为“横向到边，纵向到底”，是全覆盖、无缝隙的组织结构和系统。故选 ABCD。

13.【参考答案】BCD

【解析】应急演练过程可划分为演练准备、演练实施、演练总结和评估 3 个阶段。故选 BCD。

14.【参考答案】ACD

【解析】应急演练按照演练复杂程度和规模、所需评价人员的数量与资源等状况可以分为桌面演练、功能演练与全面演练。故选 ACD。

15.【参考答案】ABCD

【解析】铁路应急管理体系的运作机制主要由统一指挥、分级响应、属地为主、职工动员这四个基本机制组成。故选 ABCD。

16.【参考答案】ABC

【解析】按照《中华人民共和国突发事件应对法》，应急管理按阶段可划分为预防与应急准备、监测与预警、应急处置与救援等应对活动。故选ABC。

17.【参考答案】ABD

【解析】应急物资装备的配置应坚持以下三个原则：①依法配备；②合理配备；③关键设备双套配备。故选ABD。

18.【参考答案】ABC

【解析】生产经营单位应急预案分为综合应急预案、专项应急预案和现场处置方案。故选ABC。

## 三、判断题

1.【参考答案】√

【解析】生产经营单位应当针对本单位可能发生的生产安全事故的特点和危害，进行风险辨识和评估，制定相应的生产安全事故应急预案，并向本单位从业人员公布。

2.【参考答案】√

【解析】应急预案又称应急计划，应急预案明确了在突发事件发生之前、发生过程中以及刚刚结束之后，谁负责做什么，何时做，以及相应的策略和资源准备等。

3.【参考答案】√

【解析】应急处置必须坚持“以人为本”和“安全优先”的原则。在应急处置过程中，要牢牢把握“及时进行救援处理”和“减轻事故所造成的损失”两个事故损失控制的关键点，把遇险人员、受威胁人员和应急人员的安全放在首位。

4.【参考答案】×

【解析】应急领导小组一般设有应急救援指挥中心和现场应急指挥中心。应急指挥一般由生产经营单位主要负责人担任，现场指挥一般由分管负责人或事发部门第一负责人担任，特殊情况下，也可由安全部门或其他部门负责人担任。

5.【参考答案】√

【解析】按照使用状态，应急救援装备可分为日常应急救援装备和战时应急救援装备两类。

6.【参考答案】√

【解析】应急预案的评审或者论证应当注重基本要素的完整性、组织体系的合理性、应急处置程序和措施的针对性、应急保障措施的可行性，应急预案的衔接性等内容。

7.【参考答案】√

【解析】铁路应急管理体系的运作机制主要由统一指挥、分级响应、属地为主和职工动员这四个基本机制组成。统一指挥是铁路应急活动的基本原则。

8.【参考答案】×

【解析】应急预案编制完成，并经评审或论证后，由本单位主要负责人签署，才能公布。

9.【参考答案】×

【解析】生产经营单位应当制订本单位的应急预案演练计划，根据本单位的事故风险特点，每年至少组织一次综合应急预案演练或者专项应急预案演练，每半年至少组织一次现场处置方案演练。

10.【参考答案】×

【解析】建立全国铁路系统统一的突发事件信息系统，汇集、储存、分析、传输有关突发事件的信息。突发事件信息实行逐级报告制度，有关单位和人员报送、报告突发事件信息，应当做到及时、真实、客观，不得迟报、谎报、瞒报、漏报。

11.【参考答案】×

【解析】铁路应急管理体系的组织机制包括管理机构、功能部门、指挥中心、救援队伍。指挥中心负责在应急预案启动后指挥场外与场内的应急活动。

12.【参考答案】×

【解析】任何设备都可能损坏，应急装备一旦发生故障，应急行动很可能被迫中断。为此，有必要对关键设备事先进行双套配置，当设备出现故障不能正常使用时，立即启用备用设备。

# 第七章 常用现场应急救护知识与技能

## 一、单项选择题

**1. 心肺复苏黄金时间是（　　）。**

A. 1 ～ 3 min　　B. 3 ～ 5 min

C. 4 ～ 6 min　　D. 5 ～ 10 min

**2. 心肺复苏的按压频率为（　　）。**

A. 90 ～ 100 次 / min　　B. 100 ～ 110 次 / min

C. 100 ～ 120 次 / min　　D. 120 ～ 130 次 / min

**3. 以下哪个顺序是 AED 的正确操作？（　　）**

①打开电源　　②贴上电极片

③等机器分析心率　　④电击

A. ②③①④　　B. ①②③④

C. ①③④②　　D. ①②④③

**4. 烧烫伤紧急处置五字口诀的正确顺序是（　　）。**

①冲　　②脱

③泡　　④盖

⑤送

A. ②①③④⑤　　B. ①②④⑤③

C. ①②③④⑤　　D. ①③②④⑤

**5. 以下哪一项不是现场急救的目的？（　　）**

A. 止血

B. 救治休克

C. 恢复心跳、呼吸

D. 为了避免二次伤害，无论任何情况下，都要尽可能迅速转移患者到安全地点

**6. 就地抢救就是保证维持伤员生命的前提下，应抓主要矛盾，分清主次，有条不紊进行，切忌忙乱，以免延误或丧失有利时机，那么现场急救的主要任务包含以下哪几种？（　　）**

①镇定有序地指挥　　②迅速排除致命和致伤因素

③检查伤员的生命体征　　④脱离电源

⑤止血　　⑥保护重要器官

⑦临时固定　　⑧对症处理神志昏迷者

⑨迅速而正确地转运

A. ①②③④⑤⑥⑦⑧⑨　　B. ①②③④⑤⑦⑧⑨

C. ②③④⑤⑥⑦⑧⑨　　D. ①③④⑤⑥⑦⑧⑨

**7. 以下哪项不属于便携式急救箱的常规配备药品？（　　）**

A. 布洛芬　　B. 氯雷他定

C. 创口贴　　D. 听诊器

**8.《医疗事故处理条例》第三十三条规定，以下有哪几种是不属于医疗事故：**

①在紧急情况下为抢救垂危患者生命而采取紧急医学措施造成不良后果的

②在医疗活动中由于患者病情异常或者患者体质特殊而发生医疗意外的

③在现有医学科学技术条件下，发生无法预料或者不能防范的不良后果的

④无过错输血感染造成不良后果的

⑤因患方原因延误诊疗导致不良后果的

⑥因不可抗力造成不良后果的

A. ①②③④⑤⑥　　B. ①③④⑤⑥

C. ①②④⑤⑥　　D. ①④⑤⑥

**9. 在各种突发创伤中，常有出血的紧张场面。而出血作为创伤的突出表现，止血是创伤现场救护的基本任务，包扎则是在有效止血基础上重要一环。下列不属于止血与包扎的学习目标的是（　　）。**

A. 了解不同部位受伤后止血与包扎方法的选用

B. 了解主要动脉止血压迫点

C. 学习更美观的包扎技巧，让患者更体面地康复

D. 掌握常用止血与包扎方法

**10. 以下属于常见的外伤止血方法的有（　　）。**

①指压止血法　　②加压包扎止血法

③止血带止血法　　④纱布填塞加压止血法

A. ①②③　　B. ②③④

C. ①②③④　　D. ①③④

**11. 使用止血带止血，每使用（　　）要松开（　　），然后再次扎止血带。**

A. 40 ～ 60 min，5 ～ 10 min　　B. 60 ～ 80 min，5 ～ 10 min

C. 90 ～ 120 min，5 ～ 10 min　　D. 40 ～ 60 min，1 ～ 2 min

**12. 下列关于伤员搬运原则的说法，错误的是（　　）。**

A. 搬运前应对伤员进行必要的伤病处理（如止血、包扎、骨折固定）

B. 搬运后应对伤员进行必要的伤病处理（如止血、包扎、骨折固定）

C. 搬运过程中应保障伤员安全，防止造成二次伤害

D. 注意伤员伤情变化，及时采取救护措施

**13. 对于体重较重，且昏迷或不能行走的患者，以下哪种搬运法最适合？(　　)**

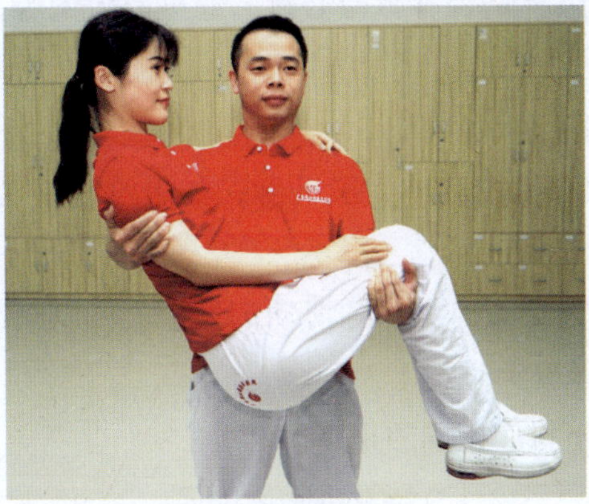

图1　抱行法

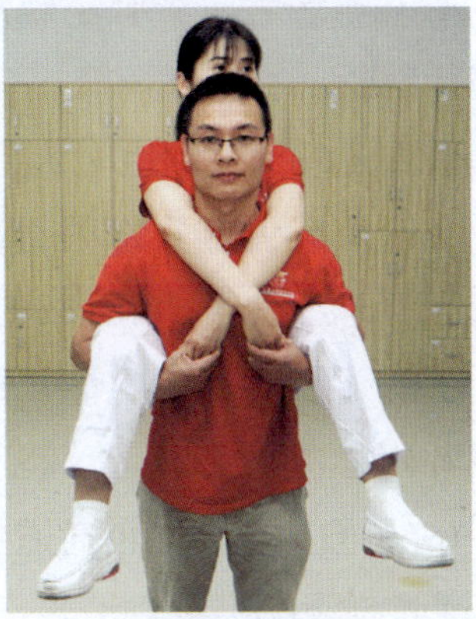

图2　背法

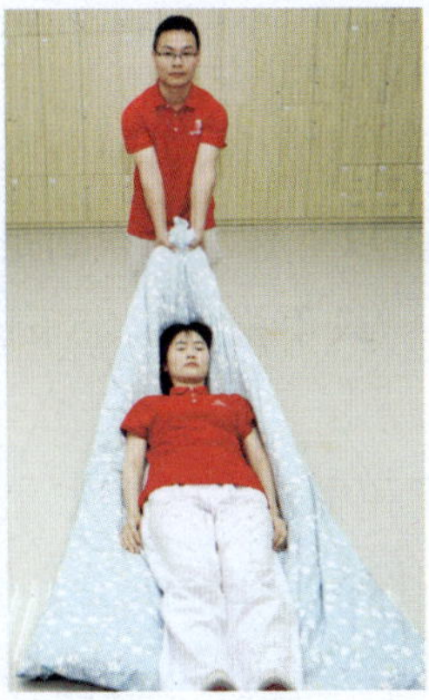

图3　单人拖拉法

图4　驮法

A. 图 1 和图 3　　B. 图 2 和图 3

C. 图 2 和图 4　　D. 图 3 和图 4

**14. 以下关于一般伤者搬运的说法错误的是（　　）。**

A. 扶行法适合清醒伤者

B. 背负法适合于老幼、体轻、清醒的伤者

C. 抱行法适合年幼伤病者、伤轻者、没有骨折、伤势不严重者，是短距离搬运的最佳方法

D. 拖行法适用于清醒的伤者在狭窄空间挪动

**15. 以下关于患者心跳呼吸骤停的判断说法错误的是（　　）。**

A. 观察患者是否有主观意识，检查患者是否有脉搏心跳，通过心电图等方式进行判断

B. 当患者突然倒地时，迅速呼叫患者

C. 观察患者胸腹部是否起伏，然后触摸颈动脉、股动脉；如果没有搏动，心前区听不到心跳，就可以判断病人心脏骤停

D. 为了及时挽救生命，只要患者失去意识，主动脉搏动消失，就可以判断为患者死亡

**16. 抢救生命的绿色通道生存链，以下排序正确的是（　　）。**

①拨打急救电话　　②120 急救转运

③实施心肺复苏　　④使用 AED 除颤

⑤入院救治

A. ①②③④⑤　　B. ①③④⑤②

C. ①③④②⑤　　D. ①④③②⑤

**17. 对于 1 岁以下婴幼儿采取海姆立克急救法，以下做法错误的是（　　）。**

A. 将宝宝脸朝下，身体倚靠在大人膝盖上，一只手拖住宝宝下巴，另一只手掌根用力在宝宝肩胛骨中间拍 5 次

B. 把宝宝翻正，在胸部正中靠下部位，用食指和中指按压 5 次

C. 双手环抱其腰部，一手握拳，另一只手的手掌压在拳头上，使拇指掌关节突出顶住患者腹部正中线脐上部位，快速向上重击压迫腹部，直到异物吐出

D. 重复拍背与压胸，直到异物排出

**18. 烧烫伤处理中，下列说法正确的是（　　）。**

A. 可以在伤口上涂抹牙膏

B. 被石灰烧烫了，立即用水冲

C. 可以自行撕破水泡

D. 美宝湿润烧伤膏使用时，可以直接将膏药涂于创面，涂抹厚度为 1 mm

**19. 非劳力性热射病常发生于年老、儿童和有慢性疾病的人群，一般发病较慢。刚开始症状不容易发现，（　　）后症状加重，出现神志模糊、谵妄、昏迷等。**

A. 1～2 天　　B. 2～3 天

C. 3～4 天　　D. 4～5 天

**20. 以下不属于中暑的现场急救原则中院前急救五字诀的（　　）。**

A. 移　　B. 降

C. 凉　　D. 送

**21. 关于中暑处理，以下做法不正确的是（　　）。**

A. 中暑时，应将中暑者抬到阴凉安全处，并及时使空气流通，给中暑者降温

B. 中暑者在恢复期间应避免剧烈运动，保持充足休息

C. 中暑复苏者不能吃生冷瓜果和油腻食物

D. 中暑之后，为避免体内水分流失，可大量饮用白开水，避免引起热痉挛的发生

**22. 以下不属于急性中毒的判断要点的是（　　）。**

A. 生产性中毒者应询问职业史、工种、生产过程、接触毒物的种类和数量、中毒途径、同伴发病情况

B. 患者的临床表现，如呼吸、呕吐物和体表气味、皮肤黏膜等

C. 容器、剩余毒物、可疑食物、水和染毒空气、中毒者的呕吐物等进行毒物检测

D. 患者一月内摄入的主要食物品种

**23. 急性中毒现场抢救原则为：止、排、送、特，下列对应不正确的是（　　）。**

A. “止”即“中止”　　B. “特”即“特快”

C. “送”即“送医院”　　D. “防”即“防治”

**24. 发生肢体离断时，受伤后应立即就医，断指再植手术在伤后（　　）内成功率最高。**

A. 3 ～ 4 h　　B. 4 ～ 6 h

C. 6 ～ 8 h　　D. 8 ～ 12 h

**25. 踝关节刚扭伤的时候，首先应该进行冷敷，若是想要热敷，建议等到（　　）以后。**

A. 6 h　　B. 8 h

C. 12 h　　D. 24 h

**26. 心脏骤停时，4 ～ 6 min 是“黄金急救时间”，使用自动体外除颤器（AED）是提高抢救成功率的有效措施之一。关于 AED 的使用，下列说法错误的是（　　）。**

A. AED 是可被非专业人员使用的医疗设备

B. AED 能够自动判断是否需要对患者予以电击

C. 患者胸部如有汗水，需要擦干后才能使用 AED

D. 在 AED 开始分析心率过程中，应同时对患者进行心肺复苏

**27. 铁路机车整备工人王某，因长时间高温作业突发头晕、头痛、心悸，开始大量出汗，送至医院急诊时出浮现“无汗”，测体温高达 41.2 ℃，伴随意识障碍、嗜睡、昏迷，经全力急救无效后死亡，该患者所患疾病是（　　）。**

A. 热衰竭　　B. 热射病

C. 热痉挛　　D. 高热

**28. 一名铁路工人在常规体检时发现听阈提高 10 ～ 30 dB，对此，下列说法正确的是（　　）。**

A. 该工人脱离噪声环境一段时间，听力可恢复到原来水平

B. 该工人如果不能脱离噪声环境，可造成听觉适应

C. 除了听觉系统损害，噪声对该工人不会造成其他损伤

D. 该工人在工作环境中接触的噪声，其强度和频率是有规律的

**29. 下列关于“鼻出血”的处理方法，错误的是（　　）。**

A. 烧灼或填塞止血

B. 取坐位或半坐位

C. 用冰袋敷前额或后颈

D. 对反复出血者不可使用镇静剂

**30. 初期复苏最快速、最简捷有效的人工呼吸方法是（　　）。**

A. 面罩给氧　　B. 口对口人工呼吸

C. 气管内插管　　D. 机械通气

## 二、多项选择题

**1. 以下属于急救基本程序的有（　　）。**

A. 发现紧急情况，立即向他人寻求帮助

B. 评估伤员和周围环境的安全状况，对伤员进行初步检查

C. 根据伤员的伤情和伤势，有针对性地采取现场急救措施

D. 在等待急救转移人员到场的过程中，持续给予伤员急救护理

**2. 以下属于现场急救的基本原则的有（　　）。**

A. 快速行动　　B. 安全第一

C. 优先处理危及生命的问题　　D. 遵循 ABC 原则

**3. 以下属于海姆立克急救法的手法要点的有（　　）。**

A. 两个手指并拢，像一个闭合的剪刀

B. 一手握拳，拇指侧的拳眼放在按压点上

C. 另一只手抱拳，然后用向上、向内的力量，冲击患者的上腹部

D. 紧捏患者的鼻子，包严口周，缓慢平静地吹气，吹气时间约一秒，胸部有抬起即可

**4. 以下哪些是容易使老人和小孩发生气管堵塞的食物？（　　）**

A. 果冻、麻花、糖果　　B. 鱿鱼丝、坚果类

C. 龙眼、葡萄　　D. 樱桃、多刺的鱼

**5. 烫伤根据烫伤深度可分别为（　　）。**

A. Ⅰ度烫伤　　B. 浅Ⅱ度烫伤

C. 深Ⅱ度烫伤　　D. Ⅲ度烫伤

**6. 烧伤面积计算方法有哪几种？（　　）**

A. 中国新九分法　　B. 七分法

C. 手掌法　　D. 手背法

**7. 中暑的典型症状有哪几种类别？（　　）**

A. 先兆中暑　　B. 轻度中暑

C. 重度中暑　　D. 食物中毒

**8. 急性中毒是指毒物短时间内经（　　）等途径进入人体，使机体受损并发生器官功能障碍。**

A. 黏膜　　B. 皮肤

C. 呼吸道　　D. 消化道

**9. 下列关于常见中毒的急救方法及其作用的说法，正确的有（　　）。**

A. 发生一氧化碳中毒，立即给予充足的氧气直至开始高压氧治疗，以增强血液中氧的浓度

B. 发生二氧化碳中毒，立即输氧，保持呼吸道通畅，如有分泌物立即吸取

C. 发生汞中毒，牛奶、蛋清、豆浆、2.5% 碳酸氢钠、硫代硫酸钠

D. 发生苯中毒，立即脱离现场，脱去污染衣物，肥皂水或清水冲洗，口服须洗胃，中毒者应卧床静息

**10. 劳动能力鉴定是指劳动功能障碍程度和生活自理障碍程度的等级鉴定。生活自理障碍分为哪三个等级？（　　）**

A. 生活完全不能自理　　B. 生活可以独立自理

C. 生活大部分不能自理　　D. 生活部分不能自理

**11. 下列属于关于断肢（指）的正确保存办法有（　　）。**

A. 离断的肢体需要用低温方法妥善保存

B. 不可直接将冰块与断指放一起

C. 离断肢体一般无须清洗，可用棉花、卫生纸等包扎

D. 离断肢体不能用盐水或酒精等浸泡

**12. 踝关节扭伤的临床主要表现有（　　）。**

A. 关节疼痛　　B. 肿胀

C. 皮下淤血　　D. 关节活动受限

**13. 踝关节扭伤可根据病程发展分为哪三个时期？（　　）**

A. 急性期　　B. 缓解期

C. 疼痛期　　D. 康复期

**14. 常见的休克类型有（　　）。**

A. 低血容量性休克　　B. 感染性休克

C. 过敏性休克　　D. 神经源性休克

**15. 休克是一种常见的急症，出现休克时，在等待急救人员到场施救时，要尽快紧急处理，主要包括（　　）等。**

A. 保持气道通畅　　B. 立即脱离伤害源

C. 保暖　　D. 保持休克体位

**16. 下列关于地震中遇到特殊危险的应对措施，正确的有（　　）。**

A. 燃气泄漏：用湿毛巾捂住口、鼻，千万不要使用明火，震后设法转移

B. 遇到火灾：趴在地上，用湿毛巾捂住口、鼻，地震停止后向安全地方转移，要匍匐、逆风而进

C. 毒气泄漏：遇到化工厂着火，毒气泄漏，不要向顺风方向跑，要绕道上风方向，并尽可能用湿毛巾捂住口、鼻

D. 危险场所：应尽可能远距离地避开生产危险品的工厂，以及危险品、易燃、易爆品仓库等危险场所

**17. 现场急救，搬运患者的目的有（　　）。**

A. 使伤病员脱离危险地区，避免伤者受到不必要的干扰

B. 纠正当时影响伤病员的病态体位，以减少痛苦，减少再受伤害

C. 迅速送医院以便进一步救治，以免造成伤员残疾

D. 为了更好地确定双方的权责，方便后续保险理赔

**18. 下列有关踝关节扭伤现场急救正确的有（　　）。**

A. 抬高伤肢减轻疼痛　　B. 热敷促进血液循环

C. 加压包扎止血　　D. 酌情使用止痛作用的药物

**19. 下列从业者容易出现肩、颈、腕磨损伤的有（　　）。**

A. 键盘操作者　　B. 火车站安检员

C. 铁路继电器检修工　　D. 电子元件生产流水线作业工人

**20. 下列关于特殊伤员的急救搬运法正确的有（　　）。**

A. 脊柱损伤伤员：使用硬板担架，3～4人同时搬运，固定颈部，使其不能前屈、后伸、扭曲。

B. 颅脑损伤伤员：采取半卧位或侧卧位

C. 胸部受伤伤员：采取半卧位或坐位

D. 休克伤员：采取平卧位，用枕头垫高头部，将脚平放

## 三、判断题

**1**. 锐器刺伤身体任何部位均不可将锐器直接拔出。

（　　）

**2**. 颅脑损伤禁止冲洗和填塞脑脊液流出道，应将其侧向一边，任其流出，并不断用干净的消毒棉花或纱布将血液和脑脊液擦干净。

（　　）

**3**. 使用止血带止血时要注意绑扎的力度，不能过松，一定要紧紧绑住，因为过松则起不到良好的止血效果，容易引起出血加剧。

（　　）

**4**. 脊柱受伤者可使用双人搬抬法进行搬运。

（　　）

**5**. 晕倒在地或昏迷的病人都需要进行心肺复苏。

（　　）

**6**. AED 在除颤过程中需要放电，所以使用过程要告知身边人群不可以接触或者靠近患者，以免出现误伤。

（　　）

**7**. 海姆立克急救手法卓有成效，所有人都可以采取这种方法。

（　　）

**8**. 烫伤后可用冰块代替流动水冰敷。

（　　）

**9**. 感觉自己中暑了，为避免体内水分流失，应立即饮用大量白开水。

（　　）

**10**. 踝关节扭伤，在急性期不适宜按揉或热敷，应该先进行冷敷，待 18 h 后，再进行热敷，促进淤血吸收，减轻疼痛。

（　　）

**11**. 重伤伤员一定要用救护车转送，没有救护车时，可原地等待。

（　　）

**12**. 进行人工呼吸时，向伤员肺内吹气不能太急、太多，仅需胸廓隆起即可，以免吹气量过大引起胃扩张。吹气时间以一次呼吸周期的 1/5 为宜。

（　　）

**13**. 出现先兆中暑症状后，若脱离高温环境，转移到阴凉的地方，及时通风降温，补充冷盐水，短时间就可以恢复。

（　　）

**14**. 出现休克代偿期的症状时，通常需要及时清理现场，避免不相干人员的围观，以免空气不流通，导致伤员氧气吸入不足。

（　　）

# 参考答案与解析

## 一、单项选择题

1.【**参考答案**】C

【**解析**】心肺复苏黄金时间通常是 4 ～ 6 min 的时间，一般需要及早做治疗。故选 C。

2.【**参考答案**】C

【**解析**】注意按压部位在胸骨的下半部分，按压深度为 5 ～ 6 min，按压频率为 100 ～ 120 次 /min。故选 C。

3.【**参考答案**】B

【**解析**】AED 的操作步骤，根据 AED 的说明书，按提示语进行操作即可：①打开电源；②贴上电极片；③等机器分析心率；④电击。故选 B。

4.【**参考答案**】C

【**解析**】烧烫伤紧急处置五字口诀：①冲；②脱；③泡；④盖；⑤送。冲：将烫伤部位用干净的流动冷水冲洗至少 10 min，水流不宜过急。脱：在冷水中，将覆盖伤口表面的衣物去除。泡：将烫伤的部位在冷水中持续浸泡 10 ～ 30 min。盖：通过以上处理后，以洁净或无菌的纱布、毛巾覆盖伤口并固定。送：如情况较为严重，及时送至可治疗烧伤的专科医院进行治疗。故选 C。

5.【**参考答案**】D

【**解析**】急救的目的是止血，救治休克，恢复心跳、呼吸，固定伤骨，处理伤口，避免非必要的移动，安慰患者。故选 D。

6.【参考答案】A

【解析】现场急救的主要任务有：①镇定有序地指挥；②迅速排除致命和致伤因素；③检查伤员的生命体征；④脱离电源；⑤止血；⑥保护重要器官；⑦临时固定；⑧对症处理神志昏迷者；⑨迅速而正确地转运。就地抢救就是保证维持伤员生命的前提下，应抓主要矛盾，分清主次，有条不紊进行，切忌忙乱，以免延误或丧失有利时机。故选 A。

7.【参考答案】D

【解析】便携式急救箱的常规配备药品有以下：①止痛药，如布洛芬、阿司匹林等；②抗过敏药，如氯雷他定、苯海拉明等；③抗生素药膏，如红霉素软膏等，用于预防伤口感染；④创口贴，用于保护伤口，促进愈合；⑤消毒剂，如酒精、碘伏等，用于清洁伤口；⑥抗疟药，如氯喹、青蒿素等，用于预防和治疗疟疾；⑦急救针剂，如肾上腺素、尼可刹米等，用于急救治疗。听诊器是医疗器械，不是常规配备药品。故选 D。

8.【参考答案】A

【解析】《中华人民共和国民法典》第一百八十四条规定，因自愿实施紧急救助行为造成受助人损害的，救助人不承担民事责任。《医疗事故处理条例》第三十三条规定，有下列情形之一的，不属于医疗事故：（一）在紧急情况下为抢救垂危患者生命而采取紧急医学措施造成不良后果的；（二）在医疗活动中由于患者病情异常或者患者体质特殊而发生医疗意外的；（三）在现有医学科学技术条件下，发生无法预料或者不能防范的不良后果的；（四）无过错输血感染造成不良后果的；（五）因患方原因延误诊疗导致不良后果的；（六）因不可抗力造成不良后果的。故选 A。

9.【参考答案】C

【解析】止血与包扎的学习目标：了解不同部位受伤后止血与包扎方法的选用；了解主要动脉止血压迫点；掌握常用止血与包扎方法。故选 C。

10.【参考答案】C

【解析】临床上最常用的外伤止血方法包括：指压止血法、加压包扎止血法、止血带止血法和纱布填塞加压止血法。故选 C。

11.【参考答案】A

【解析】止血带止血，每使用 40 ～ 60 min 应松开 5 ～ 10 min，然后再次扎止血带。因为如果长时间扎止血带而不松开，会导致局部缺血坏死，造成不良后果。故选A。

12.【参考答案】B

【解析】伤员搬运原则有：①搬运前应对伤员进行必要的伤病处理（如止血、包扎、骨折固定）；②根据伤员的情况和现场条件选择适当的搬运方法；③搬运过程中应保障伤员安全，防止造成二次伤害；④注意伤员伤情变化，及时采取救护措施。故选B。

13.【参考答案】D

【解析】单人拖拉法和驮法适用于昏迷或不能行走且体重较重的伤员。故选D。

14.【参考答案】D

【解析】一般伤者搬运的方法有五种：扶行法、抱行法、背负法、爬行法和拖行法。扶行法适合清醒伤者。背负法适合老幼、体轻、清醒的伤者。爬行法适用于清醒的伤者在狭窄空间挪动。抱行法适合年幼伤病者、伤轻者、没有骨折、伤势不严重者，是短距离搬运的最佳方法。另外，对胸椎、脊柱受伤的患者，搬运时要多个人，最好采用平托或翻滚，避免脊柱进一步损伤。故选D。

15.【参考答案】D

【解析】心跳呼吸骤停的判断包括观察患者是否有主观意识，检查患者是否有脉搏心跳，通过心电图等方式进行判断。当患者突然倒地时，迅速呼叫患者。如果患者没有反应，说明患者已经陷入昏迷。如果患者呼吸呈叹息状态，或者没有呼吸说明患者呼吸出现骤停的情况。观察患者胸腹部是否起伏，然后触摸颈动脉、股动脉；如果没有搏动，心前区听不到心跳，就可以判断病人心脏骤停。如果在医院，心电图检查会显示心室颤动、心室停搏或心脏不活动呈直线。为了及时挽救生命，只要患者失去意识，主动脉搏动消失，就可以判断为呼吸心脏骤停。故选D。

16.【参考答案】C

【解析】抢救生命的绿色通道生存链，即：拨打急救电话→实施心肺复苏→使用AED除颤→120急救转运→入院救治。故选C。

17.【参考答案】C

【解析】急救对象为1岁以下婴幼儿其姿势如下：拍背——将宝宝脸朝下，

身体倚靠在大人膝盖上，一只手捡住宝宝下巴，另一只手掌根用力在宝宝肩胛骨中间拍5次；压胸——把宝宝翻正，在胸部正中靠下部位，用食指和中指按压5次。重复拍背与压胸，直到异物排出。故选C。

18.【参考答案】D

【解析】烧烫伤处理的六个误区：误区一，用冰块代替流动水冰敷；误区二，伤口上涂抹牙膏、涂抹酱油；误区三，被石灰烧烫了，立即用水冲；误区四，烫伤后抹有色药水；误区五，严重烫伤病人可以在短时间内饮服大量的开水；误区六，自行撕破水泡。伤口上涂抹牙膏后会使皮肤热气无处散发，只能往皮下组织深处扩散，从而造成更深一层的伤害，还会增加创面恢复的难度；生石灰遇水后会释放出热量，被石灰烧烫伤了，不能立即用水冲，需要从皮肤上擦掉或者用刷子刷掉皮肤上的生石灰再用水冲洗；因为手上有细菌，自行挤压或撕破水泡后更易引起创面感染，如果水泡需要挑破，需要用消毒过的锐器物品或无菌针尖来挑破。美宝湿润烧伤膏使用时，不需要先消毒，可以直接将膏药涂于创面，涂抹厚度为1 mm。故选D。

19.【参考答案】A

【解析】非劳力性热射病常发生于年老、儿童和有慢性疾病的人群，一般发病较慢。刚开始症状不容易发现，1～2天后症状加重，出现神志模糊、谵妄、昏迷等，体温高可达40～42 ℃，直肠温度最高可达46 ℃，可有心衰、肾衰等表现。故选A。

20.【参考答案】C

【解析】中暑院前急救五字诀：①“移”，快速、安全搬运中暑者至通风阴凉处，使其平躺，头偏向一侧保证呼吸通畅。去除中暑者身上的衣物，如紧身衣或潮湿的衣物，选择干燥、宽松的衣物。②“降”，快速降温，用风扇吹或将湿毛巾、冰袋等放置于中暑者腋下、颈动脉和腹股沟、腘窝等处帮助降温，或用稀释后的酒精（体积分数为25%～50%）擦拭大动脉走动的部位，擦至皮肤稍微发红。③“掐”，若中暑者昏迷，可用大拇指指腹掐患者人中穴或合谷穴，促进苏醒。④“补”，若中暑者仍有意识，可口服温淡盐水或葡萄糖盐水。⑤“送”，对于重症中暑者，应送至就近医院救治。故选C。

21.【参考答案】D

【解析】中暑处理的注意事项：①中暑者应注意降温、饮水等方面的护理；

②中暑时，应将中暑者抬到阴凉安全处，并及时使空气流通，给中暑者降温；③中暑之后不可大量饮用白开水，容易引起热痉挛的发生；④中暑复苏者不能吃生冷瓜果和油腻食物；⑤中暑者在恢复期间应避免剧烈运动，保持充足休息，有助于身体康复。故选D。

22.【参考答案】D

【解析】中毒是指某种物质进入人体后，通过生物化学或生物物理作用，使组织器官产生功能紊乱和结构损害，引起机体病变。急性中毒的判断要点：①中毒病史。生产性中毒者应询问职业史、工种、生产过程、接触毒物的种类和数量、中毒途径、同伴发病情况；非生产性中毒者，要了解生活、精神状态、中毒者本人和家人平时服药情况；②临床表现。呼吸、呕吐物和体表气味，皮肤黏膜，眼，口腔，神经系统，消化系统，循环系统，呼吸系统，尿色改变；③毒物检测。毒物检测是唯一客观确诊的方法，可以从容器、剩余毒物、可疑食物、水和染毒空气、中毒者的呕吐物、胃内容物、第一次洗胃液、血、尿、大便中检测毒物及其代谢分解产物。故选D。

23.【参考答案】B

【解析】急性中毒现场抢救原则为四字口诀：止、排、送、特。①“止”即“中止”：立即中止毒物接触。②“排”即“促排”：促进已吸收的毒物排出体外。③“送”即“送医院”。④“特”即“特效”：使用特效解毒药。故选B。

24.【参考答案】C

【解析】发生肢体离断时，受伤后应立即就医，断指再植手术在伤后6～8 h内成功率最高。故选C。

25.【参考答案】D

【解析】踝关节扭伤以后，患者扭伤的部位很容易会出现大块的青紫或者是红肿的情况，此时是不适合立刻采用按揉或者是热敷之类的方式进行处理。在刚扭伤的时候，首先应该进行冷敷，若是想要热敷，建议等到24 h以后。故选D。

26.【参考答案】D

【解析】A项正确，自动体外除颤器是一种便携式的急救设备，是可被非专业人员使用的用于抢救心脏骤停患者的医疗设备。B项正确，机器本身会自动判读心电图然后决定是否需要电击。C项正确，患者胸部如有汗水时，需要快速擦干胸部，因为水会降低AED的功效。D项错误，分析心率过程中不要接触患者，因为即使是轻微的触动都有可能影响 AED 的分析。故选 D。

27.【参考答案】B

【解析】高温作业常见的中暑性疾病有热射病、热痉挛、热衰竭。热射病是由于体内产热和受热超过散热，引起体内蓄热，导致体温调节功能发生障碍，是中暑最严重的一种，病情危急，死亡率高。典型症状为：急骤高热，肛温常在 41 ℃以上，皮肤干燥，热而无汗，有不同程度的意识障碍，重症患者可有肝肾功能异常等。故选 B。

28.【参考答案】A

【解析】当声音较强或持续作用时间过长，听力明显下降，听阈提高超过 15 ～ 30 dB，往往离开噪声环境需数小时甚至数十小时听力才能恢复，这种现象被称为听觉疲劳即暂时性听阈上移，但是一个人长期处于噪声环境中，导致听毛细胞发生损害及退行性变，内耳供血减少，发生不可逆的听力下降，即永久性阈移，也就是我们平常所说的耳聋，严重的会引起耳鸣，妨碍睡眠，引起血压升高和胃肠功能紊乱等。故选 A。

29.【参考答案】C

【解析】鼻出血的处理包括烧灼或填塞、取坐位或半坐位、冰袋冷敷等，反复出血者不可使用镇静剂，以免血液回流引起呛咳或窒息，但冰敷的位置应是鼻梁上，让鼻腔内血管收缩、帮助止血，额头远离出血点，效果不好。后颈是禁用冷疗的。故选 C。

30.【参考答案】B

【解析】口对口人工呼吸，是用急救者的口呼吸协助伤病者呼吸的方法。它是现场急救中最简便最有效的方法，适用于心搏骤停，因麻醉、电击、中毒、颈椎骨折及其他伤病引起呼吸麻痹者。故选 B。

## 二、多项选择题

1.【参考答案】ABCD

【解析】急救的程序主要包括以下步骤：①发现紧急情况。立即向他人寻求帮助，或者拨打急救电话（如 120），通知专业急救人员前往现场。②评估现场安全。到达现场后，首先评估伤员和周围环境的安全状况，如果存在威胁伤员和急救者安全的危险因素，须采取相应措施，如转移伤员，排除危险物等。③初步检查。对伤员进行初步检查，了解伤员的基本情况，如意识状态、呼吸是否正常，有无出血，以便判断伤情和采取相应急救措施。④采取急救措施。根据伤员的伤情和伤势，有针对性地采取现场急救措施。⑤继续护理。在等待急救转移人员到场的过程中，持续给予伤员急救护理，如止血、骨折固定、保暖和合适体位的摆放，以保证伤员在救援过程中得到最大程度的保护。⑥转交专业急救人员。在急救转移人员到场后，要将伤员的情况和所采取的急救措施向其详细报告，并协助他们进行伤员的转运和进一步的救治操作。故选 ABCD。

2.【参考答案】ABCD

【解析】现场急救的基本原则：①快速行动。发动紧急情况后，应立即行动，迅速寻求帮助和进行急救措施，以争取救治时间。②安全第一。在进行急救时，自身的安全至关重要，在确保自身安全的前提下，提供有效的急救措施。③评估现场。到达现场后，评估患者和周围环境的安全情况，排除危险因素，并采取必要的措施保护患者和急救者。④保持冷静。⑤优先处理危及生命的问题。在处理多个伤者时，应优先处理危及生命的问题，如心跳呼吸骤停等。⑥遵循 ABC 原则。A 代表空气道（airway），B 代表呼吸（breathing），C 代表循环（circulation），先保障患者的空气道通畅，确保呼吸正常，最后处理循环问题。⑦避免进一步伤害。在急救过程中，尽量避免造成进一步伤害，如正确使用急救器械，注意体位转移等。⑧不负众望。急救人员应克服困难，尽力救治每一位患者，努力不辜负众望。故选 ABCD。

3.【参考答案】ABC

【解析】海姆立克急救法的手法要点：①剪刀。两个手指并拢，像一个闭合的剪刀。海姆立克急救法的按压点在肚脐上方两指以上的位置，首先是找到伤员肚脐的位置，然后将两根并拢的手指横放在肚脐以上，即可找到按压点。②石头，拳头。一手握拳，拇指侧的拳眼放在按压点上。③布。另一只手抱拳，然后用向上、向内的力量，冲击伤员的上腹部。故选 ABC。

4.【参考答案】ABCD

【解析】容易使老人和小孩发生气管堵塞的食物有：果冻、麻花、糖果、鱿鱼丝、坚果类、龙眼、葡萄、樱桃、多刺的鱼等，老人和小孩应在监护人看管下食用这些食物。故选 ABCD。

5.【参考答案】ABCD

【解析】烫伤根据烫伤深度可分为Ⅰ度烫伤、浅Ⅱ度烫伤、深Ⅱ度烫伤及Ⅲ度烫伤，具体等级需要根据烫伤情况进行判断。如果出现烫伤，需要及时进行处理，可以将烫伤部位进行冷疗，并尽快前往正规医院就诊，切记不可盲目处理，避免影响烫伤恢复。故选 ABCD。

6.【参考答案】AC

【解析】烧伤面积计算方法有中国新九分法、手掌法。故选 AC。

7.【参考答案】ABC

【解析】有三种不同程度中暑的典型症状。①先兆中暑：暴露于高温环境时，出现大汗、四肢无力、头晕、口渴、头痛、注意力不集中、眼花、耳鸣、动作不协调等伴或不伴体温升高。若脱离高温环境，转移到阴凉的地方，及时通风降温补充冷盐水，短时间就可以恢复。②轻度中暑：先兆中暑症状继续加重，体温上升到 38℃以上，并且出现皮肤灼热、面色潮红或脱水（如四肢湿冷、面色苍白、血压下降、脉搏增快等）症状。采用和先兆中暑相同的处理方式，数小时内可恢复。③重度中暑：包括热痉挛、热衰竭和热射病三种类型。故选 ABC。

8.【参考答案】ABCD

【解析】急性中毒是指毒物短时间内经皮肤、黏膜、呼吸道、消化道等途径进入人体，使机体受损并发生器官功能障碍。故选 ABCD。

9.【参考答案】ABCD

【解析】常见中毒的急救方法及作用如下：

| 毒　物 | 局部拮抗剂 | 作　用 |
|---|---|---|
| 一氧化碳 | 立即给予充足的氧气直至开始高压氧治疗 | 增加血液中氧的浓度 |
| 硫化氢 | 呼吸新鲜空气，松开衣领，保暖，高压氧治疗 | 增加血液中氧的浓度 |
| 氨气 | 立即脱去被污染衣物，用流动清水至少洗 30 min | 中断毒物 |
| 二氧化碳 | 立即输氧，保持呼吸道通畅，如口、鼻有分泌物立即清除 | 增加血液中氧的浓度 |
| 苯 | 立即脱离现场，脱去污染衣物，肥皂水或清水冲洗，口服中毒者须洗胃。中毒者应卧床静息 | 中断毒物 |
| 氰化物 | 牛奶、鸡蛋清 | 保护胃黏膜 |
| 草酸盐 | 牛奶、石灰水 | 生成草酸钙 |
| 福尔马林 | 0.1% 氨水 | 生成无毒物 |
| 苯酚 | 植物油（蓖麻油） | 延缓吸收 |

续表

| 毒物 | 局部拮抗剂 | 作用 |
|---|---|---|
| 碘 | 面糊、米汤 | 使碘无活性 |
| 高锰酸钾 | 维生素 C | 还原作用 |
| 腐蚀性酸 | 弱碱（石灰水）、牛奶、蛋清、豆浆、肥皂水 | 中和 |
| 腐蚀性碱 | 弱酸（稀醋）、果汁、牛奶、豆浆、橘子水、蛋清、浓茶 | 中和 |
| 汞 | 牛奶、蛋清、豆浆、2.5% 碳酸氢钠、硫代硫酸钠 | 沉淀作用 |

10.【参考答案】ACD

【解析】《工伤保险条例》第二十二条规定，劳动能力鉴定是指劳动功能障碍程度和生活自理障碍程度的等级鉴定。生活自理障碍分为三个等级：生活完全不能自理、生活大部分不能自理和生活部分不能自理。故选 ACD。

11.【参考答案】ABD

【解析】正确保存断肢（指）是再植成功的前提。离断的肢体需要用低温方法妥善保存。正确的保存方法：用无菌湿纱布包好离断肢体，再包以无菌的干纱布，置于 4 ℃冰柜冷藏保存。如现场距离医院较远，转运的时间较长或在炎热的季节，为减慢离断组织的代谢和局部细菌繁殖，可根据条件，将离断肢体用清洁布类包好，放于无孔塑料袋内、周围放置冰块，然后迅速转送医院。不可直接将冰块与断指放一起。断指经冷藏保存可以降低组织的新陈代谢，减慢组织变性，为离断肢体再植创造条件。切记离断的手指 / 肢体 / 骨块等，要随同伤员一同送到医院，不能丢弃。另外，离断肢体一般无须清洗，千万不要用棉花、卫生纸等包扎，也不能用盐水或酒精等浸泡，否则会使细胞组织变性，手术成活率相对低。故选 ABD。

12.【参考答案】ABCD

【解析】踝关节扭伤的临床主要表现为：关节疼痛、肿胀、皮下淤血、关节活动受限等。故选 ABCD。

13.【参考答案】ABD

【解析】踝关节扭伤根据病程发展可分为急性期、缓解期、康复期。不同时期的治疗重点不同。故选 ABD。

14.【参考答案】ABCD

【解析】常见的休克类型为低血容量性休克、心源性休克、感染性休克、过敏性休克、神经源性休克等，不同的休克症状会有所不同，如果出现不适症状应及时到医院就诊，避免出现生命危险。故选 ABCD。

15.【参考答案】ABCD

【解析】休克是一种常见的急症，出现休克时立即拨打 120 进行求救。在等待急救人员到场施救期间，要尽快紧急处理：①保持气道通畅。首先要确保休克伤员的呼吸畅通，避免舌根后坠、口腔分泌物堵塞等情况。②立即脱离伤害源。将休克伤员迅速转移至安全地带，避免继续受到伤害。③保暖。为休克伤员盖上衣物或毯子，保持体温，避免体温过低导致病情加重。④保持休克体位（平卧位或抬高头和双腿）：将休克伤员平躺在地面或担架、床上，将头和躯干抬高 20°～30°、下肢抬高 15°～20°，这有利于膈肌下降，促进肺扩张，增加肢体回心血量，改善重要器官血供。⑤包扎止血。对于外伤导致的休克伤员，需要对症治疗，迅速进行止血、固定包扎、止痛等。⑥心肺复苏 +AED 使用。对于呼吸心搏骤停者，应立即对伤员进行心肺复苏和（或）使用 AED。在进行急救时，还需注意以下几点：避免给休克伤员喂水或食物，以免加重病情；保持伤员情绪稳定，避免恐慌；密切观察伤员病情变化，随时准备采取进一步的急救措施。故选 ABCD。

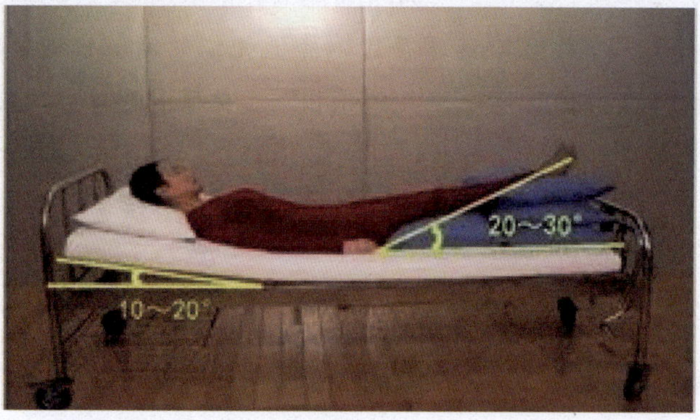


16.【参考答案】ABCD

【解析】地震中遇到特殊危险的应对措施：①燃气泄漏，用湿毛巾捂住口、鼻，千万不要使用明火，震后设法转移。②遇到火灾，趴在地上，用湿毛巾捂住口、鼻，地震停止后向安全地方转移，要匍匐、逆风而进。③毒气泄漏，遇到化工厂着火，毒气泄漏，不要向顺风方向跑，要绕道上风方向，并尽可能用湿毛巾捂住口、鼻。④危险场所，应尽可能远距离地避开生产危险品的工厂，以及危险品、易燃、易爆品仓库等危险所。故选 ABCD。

17.【参考答案】ABC

【解析】现场急救，搬运患者的搬运的目的有：①使伤员脱离危险环境，避免伤员受到不必要的干扰；②纠正当时影响伤员的病态体位，以减少痛苦；③迅速送医院以便进一步救治，以免伤（病）情加重或造成残疾等严重后果。故选 ABC。

18.【参考答案】ACD

【解析】抬高伤肢有利于促进局部的血液循环，减轻局部的肿胀，并在一定程度减轻疼痛。如果伤员出现皮下出血的情况，可以使用弹力绷带进行加压包扎，从而达到止血的目的。如果疼痛症状严重，伤员可以在医生的指导下，合理使用具有止痛作用的药物。踝关节扭伤以后，应先进行冷敷，避免加重损伤，减轻踝关节肿胀、淤血。故选 ACD。

19.【参考答案】ABD

【解析】键盘操作者、安检员、铁路继电器检修工等作业工人都需要长时间低头动手，所以容易出现肩、颈、腕磨损伤。故选 ABD。

20.【参考答案】ABC

【解析】特殊伤员的急救搬运法：①脊柱损伤伤员，使用硬板担架，3～4人同时搬运，固定颈部，使其不能前屈、后伸、扭曲；②颅脑损伤伤员，采取半卧位或侧卧位；③胸部受伤伤员，采取半卧位或坐位；④腹部受伤伤员，采取仰卧位，屈曲下肢，宜用担架或木板搬运；⑤呼吸困难伤员，采取坐位，最好用折叠担架（或椅）搬运；⑥昏迷伤员，采取平卧位，头转向一侧，或采取侧卧位；⑦休克伤员，采取平卧位，不用枕头，将脚抬高。故选 ABC。

## 三、判断题

1.【参考答案】√

【解析】锐器刺伤身体任何部位均不可将锐器直接拔出。应用纱布绷带等将锐器四周固定后包扎送医院急救。如现场将锐器拔出将导致出血不止而造成不可收拾的后果。

2.【参考答案】√

【解析】颅脑损伤禁止冲洗和填塞脑脊液流出道，应将其侧向一边，任其流出，并不断用干净的消毒棉花或纱布将血液和脑脊液擦干净。

3.【参考答案】×

【解析】使用止血带时要注意绑扎的力度，既不能过紧，也不能太松，过紧则容易导致局部组织坏死，过松则起不到良好的止血效果，容易引起出血加剧。

4.【参考答案】×

【解析】脊柱受伤者不能使用双人搬抬，以免加重脊柱损伤。

5.【参考答案】×

【解析】并不是所有晕倒在地或昏迷的病人需要进行心肺复苏。在心肺复苏前，需要根据心跳呼吸骤停的判断标准，先判断患者是否呼吸、心搏骤停了。发生心搏骤停之后，脑血流会突然中断，10 s 左右出现意识丧失的情况，4 min 后大脑细胞出现不可逆的损害，只有及时救治的患者才有可能存活，因此，抓住这宝贵的黄金 4 min，施予正确的心肺复苏，可极大地提高生存概率。

6.【参考答案】√

【解析】由于 AED 在除颤过程中需要进行放电，瞬间可达到 200 J 左右的能量，所以在按下通电按钮后要立刻远离伤员，同时还要告诉身边人群不可以接触或者靠近伤员，以免出现误伤。

7.【参考答案】×

【解析】海姆立克急救手法虽卓有成效，但也可产生合并症，如对于有肝脾肿大的伤员，以及有肋骨骨折的伤员是不可以采取这种方法的，因为有引起肝脾破裂的可能，还会加重肋骨的骨折。

8.【参考答案】×

【解析】烫伤后的皮肤组织没有表皮保护，变得更加脆弱，直接冰敷更容易冻伤皮肤。

9.【参考答案】×

【解析】中暑之后不可大量饮用白开水，容易引起热痉挛的发生。

10.【参考答案】×

【解析】踝关节扭伤以后，患者扭伤的部位很容易会出现大块的青紫或者是红肿的情况，此时是不适合立刻采用按揉或者是热敷之类的方式进行处理。在刚扭伤的时候，首先应该进行冷敷，若是想要热敷，建议等到 24 h 以后。

11.【参考答案】×

【解析】车辆搬运受天气影响小，速度快，尤其适合较长距离运送。伤（病）情较轻者可坐在车上，伤情较重者可躺在车里的担架上。重伤伤员最好用救护车转送，没有救护车时，可先用普通汽车转送。

12.【参考答案】×

【解析】人工呼吸一定要在气道开放的情况下进行。向伤员肺内吹气不能太急、太多，仅需胸廓隆起即可，以免吹气量过大引起胃扩张。吹气时间以一次呼吸周期的 1/3 为宜。

13.【参考答案】√

【解析】先兆中暑症状：暴露于高温环境时，出现大汗、四肢无力、头晕、口渴、头痛、注意力不集中、眼花、耳鸣、动作不协调等，体温有可能升高。出现先兆中暑症状后，若脱离高温环境，转移到阴凉的地方，及时通风降温，补充冷盐水，短时间就可以恢复。

14.【参考答案】√

【解析】出现休克代偿期的症状时，通常需要及时清理现场，避免不相干人员的围观，以免空气不流通，导致伤员氧气吸入不足。同时应紧急清理出急救通道，准备好担架，方便后续专业急救人员进入。

# 第八章 工伤保险知识

## 一、单项选择题

**1. 下列关于工伤保险的原则中，说法错误的是(　　)。**

A. 个人不缴费原则是指由于职业伤害是在工作过程中造成的，劳动力是生产的重要因素，职工为用人单位工作的同时付出了代价，所以理应由用人单位负担全部工伤保险费，职工个人不缴纳任何费用

B. 无过错补偿原则是指职工工伤事故发生后，不管过错在谁，工伤职工都不可以获得补偿

C. 风险分担、互助互济原则是指通过法律强制收取保险费，建立工伤保险基金，采取互助互济的方式，分散风险，缓解企业、职工因工伤事故或职业病所产生的压力

D. 一次性补偿与长期补偿相结合原则是指对工伤职工或工亡职工的近亲属，工伤保险待遇实行一次性补偿与长期补偿相结合的办法

**2. 在保证工伤保险待遇支付能力和储备金留存的前提下，工伤预防费的使用原则上不得超过统筹地区上年度工伤保险基金征缴收入的（　）。**

A. 6%　　B. 3%

C. 5%　　D. 1%

**3. 工伤预防的必要性不包括以下哪项？（　　）**

A. 从源头上降低工伤事故和职业病的发生率

B. 保障工伤职工及时获得医疗救治和经济补偿

C. 有利于用人单位的发展

D. 减少工伤保险基金支出

**4. 纳入年度计划的工伤预防实施项目，原则上由提出项目的（　　）负责组织实施。**

A. 上级主管部门　　B. 行业协会和大中型企业等社会组织

C. 职工个人　　D. 劳务派遣单位

**5. 劳动功能障碍分为（　　）个等级，最轻的为（　　）。**

A. 三；一　　B. 三；三

C. 二；二　　D. 十；十

**6. 根据《工伤保险条例》的规定，在工作时间和工作岗位，突发疾病死亡或者在（　　）之内经抢救无效死亡的可以视同工伤。**

A. 18 h　　B. 24 h

C. 48 h　　D. 72 h

**7. 根据相关国家标准，生活自理障碍等级根据进食、翻身、大小便、穿衣及洗漱、自主行动五项条件确定，五项中一至二项需要护理者为（　）级。**

A. 一　　B. 二

C. 三　　D. 四

**8. 职工因工作遭受事故伤害或者患职业病需要暂停工作接受工伤医疗的，在停工留薪期内，原工资福利待遇不变，由所在单位按月支付。非特殊情况下，停工留薪期一般不超过（　　）个月。**

A. 9　　B. 12

C. 15　　D. 18

**9. 职工因工外出期间发生事故或者在抢险救灾中下落不明的，从事故发生当月起（　　）个月内照发工资，从第（　　）个月起停发工资，由工伤保险基金向其供养亲属按月支付供养亲属抚恤金。**

A. 3；4　　B. 4；5

C. 5；6　　D. 6；7

**10. 职工发生事故伤害或者按照职业病防治法规定被诊断、鉴定为职业病，所在单位应当自事故伤害发生之日或者被诊断、鉴定为职业病之日起（　　）日内，向统筹地区社会保险行政部门提出工伤认定申请。**

A. 15　　B. 24

C. 30　　D. 42

**11. 工伤职工或者其用人单位对设区的市级劳动能力鉴定委员会作出的劳动能力鉴定结论不服的，可以自收到该鉴定结论之日起（　　）向省、自治区、直辖市劳动能力鉴定委员会申请再次鉴定。**

A. 15 天内　　B. 30 天内

C. 10 天内　　D. 20 天内

**12. 下列说法中错误的是（　　）。**

A. 职工因工作遭受事故伤害或者患职业病进行治疗，不可以享受工伤医疗待遇

B. 工伤职工符合康复情形的，可提出工伤康复申请

C. 职工因工作遭受事故伤害或者患职业病需要暂停工作接受工伤医疗的，可以享受停工留薪期待遇

D. 职工因工致残，经劳动能力鉴定委员会评定伤残等级后，可以享受相应级别的伤残待遇

**13. 一次性工亡补助金标准为上一年度全国城镇居民人均可支配收入的（　　）倍。**

A. 40　　B. 50

C. 30　　D. 20

**14. 伤情严重或者情况特殊，经设区的市级劳动能力鉴定委员会确认，可以适当延长停工留薪期，但延长不得超过（　　）个月。**

A. 12　　B. 1

C. 6　　D. 18

**15. 社会保险行政部门收到工伤认定申请后，应当在（　　）日内对申请人提交的材料进行审核，材料完整的，作出受理或者不予受理的决定。**

A. 15　　B. 30

C. 10　　D. 20

## 二、多项选择题

**1. 下列关于工伤职工生活护理费的说法，正确的有（　　）。**

A. 生活完全不能自理为统筹地区上年度职工月平均工资的 50%

B. 生活大部分不能自理为统筹地区上年度职工月平均工资的 30%

C. 生活部分不能自理为统筹地区上年度职工月平均工资的 40%

D. 生活轻微不能自理为统筹地区上年度职工月平均工资的 30%

**2. 工伤预防费的项目支出包括（　　）。**

A. 工伤事故预防宣传　　B. 职业病预防宣传

C. 工伤事故预防培训　　D. 职业病预防培训

**3. 下列关于工伤认定的范围中，说法正确的有（　　）。**

A. 在工作时间和工作场所中，因工作原因受到事故伤害的

B. 工作时间前后在工作场所内，从事与工作有关的预备性或者收尾性工作受到事故伤害的

C. 在工作时间和工作场所内，因履行工作职责受到暴力等意外伤害的

D. 在上下班途中，受到非本人主要责任的交通事故或者城市轨道交通、客运轮渡、火车事故伤害的

**4. 下列选项中，属于视同工伤的情形有（　　）。**

A. 在工作时间和工作岗位，突发疾病死亡或者在 48 h 之内经抢救无效死亡的

B. 在抢险救灾等维护国家利益、公共利益活动中受到伤害的

C. 职工原在军队服役，因战、因公负伤致残，已取得革命伤残军人证，到用人单位后旧伤复发的

D. 故意犯罪的

**5. 下列选项中，不得认定为工伤或者视同工伤的情形有（　　）。**

A. 故意犯罪的　　B. 醉酒或者吸毒的

C. 自残或者自杀的　　D. 患职业病的

**6. 职工因工致残被鉴定为七级至十级伤残的，劳动、聘用合同期满终止，或者职工本人提出解除劳动、聘用合同的，下列关于一次性工伤医疗补助金和一次性伤残就业补助金的说法，正确的有（　　）。**

A. 工伤保险基金支付一次性工伤医疗补助金

B. 用人单位支付一次性伤残就业补助金

C. 公安机关支付一次性工伤医疗补助金

D. 卫健委支付一次性伤残就业补助金

**7. 下列属于提出工伤认定申请应当提交的必要材料有（　　）。**

A. 工伤认定申请表

B. 与用人单位存在劳动关系（包括事实劳动关系）的证明材料

C. 医疗诊断证明或者职业病诊断证明书（或者职业病诊断鉴定书）

D. 公安机关证明材料

**8. 职工因工致残被鉴定为一级至四级伤残的，保留劳动关系，退出工作岗位，享受的待遇包括（　　）。**

A. 从工伤保险基金按伤残等级支付一次性伤残补助金

B. 从工伤保险基金按月支付伤残津贴

C. 工伤职工达到退休年龄并办理退休手续后，停发伤残津贴，按照国家有关规定享受基本养老保险待遇，基本养老保险待遇低于伤残津贴的，由工伤保险基金补足差额

D. 由用人单位支付一次性伤残就业补助金

**9. 下列选项中，属于停止享受工伤保险待遇的情形有（　　）。**

A. 丧失享受待遇条件的　　B. 拒不接受劳动能力鉴定的

C. 拒绝治疗的　　D. 自残或者自杀的

**10. 下列选项中，属于工伤待遇的项目的有（　　）。**

A. 工伤医疗待遇和工伤康复待遇　　B. 伤残待遇和辅助器具待遇

C. 生活护理待遇　　D. 停工留薪期待遇

## 三、判断题

**1**. 工伤预防的目的是从源头上减少和避免工伤事故和职业病的发生，实现“零工伤”的最终目标。

（　　）

**2**. 劳动功能障碍分为十个伤残等级，最重的为一级，最轻的为十级。

（　　）

**3**. 自劳动能力鉴定结论作出之日起两年后，工伤职工、用人单位或社会保险经办机构认为伤残情况发生变化的，可以向设区的市级劳动能力鉴定委员会申请劳动能力复查鉴定。

（　　）

**4**. 用人单位应当按时缴纳工伤保险费，职工个人不缴纳工伤保险费。

（　　）

**5**. 在上下班途中，受到非本人主要责任的交通事故或者城市轨道交通、客运轮渡、火车事故伤害的，符合可以认定为工伤的情形。

（　　）

**6**. 因工外出期间，非工作原因自行外出游玩时受到伤害的可以认定为工伤。

（　　）

**7**. 自残或者自杀的不得认定为工伤。

（　　）

**8**. 职工发生事故伤害或者按照职业病防治法规定被诊断、鉴定为职业病，用人单位应当自事故伤害发生之日或者职工被诊断、鉴定为职业病之日起 1 年内，向统筹地区社会保险行政部门提出工伤认定申请。

（　　）

# 参考答案与解析

## 一、单项选择题

1.【参考答案】B

【解析】无过错补偿原则是指工伤事故发生后，不管过错在谁，工伤职工均可获得补偿，以保障其及时获得救治和基本生活，但这并不妨碍有关部门对事故责任人的追究，以防止类似事故的重复发生，B 项错误。A、C、D 项说法正确。故选 B。

2.【参考答案】B

【解析】在保证工伤保险待遇支付能力和储备金留存的前提下，工伤预防费的使用原则上不得超过统筹地区上年度工伤保险基金征缴收入的 3%。故选 B。

3.【参考答案】B

【解析】工伤预防的必要性包括从源头上减少和避免工伤事故和职业病的发生，实现“零工伤”的最终目标，A 项正确。B 项属于工伤保险的作用，B 项错误。有利于用人单位的发展和减少工伤保险基金支出都属于工伤预防的必要性，C、D 项正确。故选 B。

4.【参考答案】B

【解析】纳入年度计划的工伤预防实施项目，原则上由提出项目的行业协会和大中型企业等社会组织负责组织实施。故选 B。

5.【参考答案】D

【解析】劳动功能障碍分为十个伤残等级，最重的为一级，最轻的为十级。故选 D。

6.【参考答案】C

【解析】《工伤保险条例》第十五条第（一）项的规定，在工作时间和工作岗位，突发疾病死亡或者在 48 小时之内经抢救无效死亡的，视同工伤。故选 C。

7.【参考答案】D

【解析】生活自理障碍等级根据进食、翻身、大小便、穿衣及洗漱、自主行动五项条件确定。五项条件均需要护理者为一级，五项中四项需要护理者为二级，五项中三项需要护理者为三级，五项中一至二项需要护理者为四级。故选D。

8.【参考答案】B

【解析】《工伤保险条例》第三十三条第一款、第二款规定，职工因工作遭受事故伤害或者患职业病需要暂停工作接受工伤医疗的，在停工留薪期内，原工资福利待遇不变，由所在单位按月支付。停工留薪期一般不超过12个月。伤情严重或者情况特殊，经设区的市级劳动能力鉴定委员会确认，可以适当延长，但延长不得超过12个月。工伤职工评定伤残等级后，停发原待遇，按照本章（第五章，工伤保险待遇）的有关规定享受伤残待遇。工伤职工在停工留薪期满后仍需治疗的，继续享受工伤医疗待遇。故选B。

9.【参考答案】A

【解析】根据《工伤保险条例》第四十一条规定，职工因工外出期间发生事故或者在抢险救灾中下落不明的，从事故发生当月起3个月内照发工资，从第4个月起停发工资，由工伤保险基金向其供养亲属按月支付供养亲属抚恤金。生活有困难的，可以预支一次性工亡补助金的50%。职工被人民法院宣告死亡的，按照本条例第三十九条职工因工死亡的规定处理。故选A。

10.【参考答案】C

【解析】《工伤保险条例》第十七条第一款规定，职工发生事故伤害或者按照职业病防治法规定被诊断、鉴定为职业病，所在单位应当自事故伤害发生之日或者被诊断、鉴定为职业病之日起30日内，向统筹地区社会保险行政部门提出工伤认定申请。遇有特殊情况，经报社会保险行政部门同意，申请时限可以适当延长。故选C。

11.【参考答案】A

【解析】工伤职工或者其用人单位对设区的市级劳动能力鉴定委员会作出的劳动能力鉴定结论不服的，可以自收到该鉴定结论之日起15日内向省、自治区、直辖市劳动能力鉴定委员会申请再次鉴定。故选A。

12.【参考答案】A

【解析】职工因工作遭受事故伤害或者患职业病进行治疗，可以享受工伤医疗待遇。故选A。

13.【参考答案】D

【解析】一次性工亡补助金标准为上一年度全国城镇居民人均可支配收入的

20 倍。故选 D。

14.【参考答案】A

【解析】停工留薪期一般不超过 12 个月。伤情严重或者情况特殊，经设区的市级劳动能力鉴定委员会确认，可以适当延长，但延长不得超过 12 个月。故选 A。

15.【参考答案】A

【解析】社会保险行政部门收到工伤认定申请后，应当在 15 日内对申请人提交的材料进行审核，材料完整的，作出受理或者不予受理的决定。故选 A。

## 二、多项选择题

1.【参考答案】ABC

【解析】工伤职工已经评定伤残等级并经劳动能力鉴定委员会确认需要生活护理的，从工伤保险基金按月支付生活护理费。生活护理费按照生活完全不能自理、生活大部分不能自理或者生活部分不能自理 3 个不同等级支付，其标准分别为统筹地区上年度职工月平均工资的 50%、40%、30%，A、B、C 项正确，D 项错误。故选 ABC。

2.【参考答案】ABCD

【解析】预防费的项目支出为：工伤事故和职业病预防宣传，工伤事故和职业病预防培训。故选 ABCD。

3.【参考答案】ABCD

【解析】工伤认定的范围包括：（一）在工作时间和工作场所内，因工作原因受到事故伤害的；（二）工作时间前后在工作场所内，从事与工作有关的预备性或者收尾性工作受到事故伤害的；（三）在工作时间和工作场所内，因履行工作职责受到暴力等意外伤害的；（四）患职业病的；（五）因工外出期间，由于工作原因受到伤害或者发生事故下落不明的；（六）在上下班途中，受到非本人主要责任的交通事故或者城市轨道交通、客运轮渡、火车事故伤害的；（七）法律、行政法规规定应当认定为工伤的其他情形。故选 ABCD。

4.【参考答案】ABC

【解析】视同工伤的三种情形包括：（一）在工作时间和工作岗位，突发疾病死亡或者在 48 h 之内经抢救无效死亡的；（二）在抢险救灾等维护国家利益、公共利益活动中受到伤害的；（三）职工原在军队服役，因战、因公负伤致残，已取得革命伤残军人证，到用人单位后旧伤复发的。A、B、C 项正确，D 项错误。故选 ABC。

5.【参考答案】ABC

【解析】不得认定为工伤或者视同工伤的三种情形包括：（一）故意犯罪的；（二）醉酒或者吸毒的；（三）自残或者自杀的。A、B、C 项正确，D 项错误。故选 ABC。

6.【参考答案】AB

【解析】职工因工致残被鉴定为七级至十级伤残的，劳动、聘用合同期满终止，或者职工本人提出解除劳动、聘用合同的，由工伤保险基金支付一次性工伤医疗补助金，由用人单位支付一次性伤残就业补助金，A、B 项正确，C、D 项错误。故选 AB。

7.【参考答案】ABC

【解析】提出工伤认定申请应当提交的必要材料包括：①工伤认定申请表；②与用人单位存在劳动关系（包括事实劳动关系）的证明材料；③医疗诊断证明或者职业病诊断证明书（或者职业病诊断鉴定书）。故选 ABC。

8.【参考答案】ABC

【解析】职工因工致残被鉴定为一级至四级伤残的，保留劳动关系，退出工作岗位，享受的待遇包括：①从工伤保险基金按伤残等级支付一次性伤残补助金；②从工伤保险基金按月支付伤残津贴；③工伤职工达到退休年龄并办理退休手续后，停发伤残津贴，按照国家有关规定享受基本养老保险待遇，基本养老保险待遇低于伤残津贴的，由工伤保险基金补足差额。A、B、C 项正确，D 项属于七至十级伤残所享受的待遇，错误。故选 ABC。

9.【参考答案】ABC

【解析】工伤职工有下列情形之一的，停止享受工伤保险待遇：（一）丧失享受待遇条件的；（二）拒不接受劳动能力鉴定的；（三）拒绝治疗的。A、B、C 项正确。不得认定为工伤或者视同工伤的三种情形包括：（一）故意犯罪的；（二）醉酒或者吸毒的；（三）自残或者自杀的。D 项错误。故选 ABC。

10.【参考答案】ABCD

【解析】属于工伤待遇的项目包括：(一)工伤医疗待遇。职工因工作遭受事故伤害或者患职业病进行治疗，享受工伤医疗待遇。(二)工伤康复待遇。工伤职工符合康复情形的，可提出工伤康复申请，经确认具有康复价值的，可列入康复对象范围，到签订服务协议的医疗机构进行工伤康复，有关费用符合规定的，从工伤保险基金支付。(三)辅助器具待遇。工伤职工因日常生活或者就业需要，经劳动能力鉴定委员会确认，可以安装假肢、矫形器、假眼、假牙和配置轮椅等辅助器具，所需费用按照国家规定的标准从工伤保险基金支付。(四)停工留薪期待遇。职工因工作遭受事故伤害或者患职业病需要暂停工作接受工伤医疗的，在停工留薪期内，原工资福利待遇不变，由所在单位按月支付。(五)生活护理待遇。工伤职工已经评定伤残等级并经劳动能力鉴定委员会确认需要生活护理的，从工伤保险基金按月支付生活护理费。(六)伤残待遇。职工因工致残，经劳动能力鉴定委员会评定伤残等级后，享受相应级别的伤残待遇，故选ABCD。

## 三、判断题

1.【参考答案】√

【解析】《工伤预防五年行动计划(2021—2025年)》中明确要把工伤预防作为工伤保险优先事项，采取一切适当的手段组织推进，切实提升工伤预防意识和能力，促进劳动者实现稳定就业，促进经济社会持续健康发展。工伤预防的目的是从源头上减少和避免工伤事故和职业病的发生，实现"零工伤"的最终目标。

2.【参考答案】√

【解析】劳动能力鉴定是指劳动者因工负伤或者患职业病，导致本人劳动与生活能力受到影响，由劳动能力鉴定机构组织劳动能力鉴定专家，根据国家制定的标准，按照工伤保险的有关法律法规政策，运用医学科学技术的方法和手段，确定劳动者劳动功能障碍程度和生活自理障碍程度的一种综合评定制度。劳动功能障碍分为十个伤残等级，最重的为一级，最轻的为十级。

3.【参考答案】×

【解析】自劳动能力鉴定结论作出之日起一年后，工伤职工或其近亲属、用人单位或社会保险经办机构认为伤残情况发生变化的，可以向设区的市级劳动能力鉴定委员会申请劳动能力复查鉴定。对复查鉴定结论不服的，可以申请再次鉴定。

4.【参考答案】√

【解析】根据《工伤保险条例》规定，中华人民共和国境内的企业、事业单位、社会团体、民办非企业单位、基金会、律师事务所、会计师事务所等组织和有雇工的个体工商户应当依照本条例规定参加工伤保险，为本单位全部职工或者雇工缴纳工伤保险费。

5.【参考答案】√

【解析】应当认定为工伤的七种情形包括：①在工作时间和工作场所内，因工作原因受到事故伤害的；②工作时间前后在工作场所内，从事与工作有关的预备性或者收尾性工作受到事故伤害的；③在工作时间和工作场所内，因履行工作职责受到暴力等意外伤害的；④患职业病的；⑤因工外出期间，由于工作原因受到伤害或者发生事故下落不明的；⑥在上下班途中，受到非本人主要责任的交通事故或者城市轨道交通、客运轮渡、火车事故伤害的；⑦法律、行政法规规定应当认定为工伤的其他情形。

6.【参考答案】×

【解析】因工外出期间，由于工作原因受到伤害或者发生事故下落不明的，符合认定为工伤的情形。所以，非工作原因自行外出游玩时受到伤害的不应认定为工伤。

7.【参考答案】√

【解析】不得认定为工伤或者视同工伤的三种情形：①故意犯罪的；②醉酒或者吸毒的；③自残或者自杀的。

8.【参考答案】×

【解析】职工发生事故伤害或者按照职业病防治法规定被诊断、鉴定为职业病，用人单位应当自事故伤害发生之日或者职工被诊断、鉴定为职业病之日起30日内，向统筹地区社会保险行政部门提出工伤认定申请。

# 第九章 工伤预防其他知识

## 一、单项选择题

**1. 7S 管理包括（　　）。**

A. 整理、整顿　　　　B. 清扫、清洁

C. 素养、安全、节约　　　　D. 以上都是

**2. 下列属于安全心理学的研究内容的是（　　）。**

A. 意外事故的人的因素的分析，如疲劳、情绪波动、注意力分散、判断错误、人事关系等对事故发生的影响

B. 事故肇事者的特性研究，如智力、年龄、性别、工作经验、情绪状态、性格、身体条件等与事故发生率的关系

C. 防止意外事故的心理学对策，如从业人员的选拔（即职业适宜性检查）、机器的设计、开展安全教育和安全宣传，以及培养安全观念和安全意识等

D. 以上都是

**3. 下列属于安全心理学的主要作用的是（　　）。**

A. 可以为工程设计、制造部门提供设计和制造机械、施工器具、防护用品的依据

B. 为生产环境的改善提供指导

C. 能够为安全部门制定更加科学合理的法规、条例、制度、办法提供参考依据，进而提高安全管理水平

D. 可以为安全教育提供理论依据，用更加有效的方法、手段来进行各类教育培训活动，并通过深层次的事故分析，找到预防事故的措施与方法

**4. 下列不属于压力过大导致的问题的是（　　）。**

A. 工作效率急剧提高

B. 短期或长期记忆力减退，精神疲劳

C. 睡眠质量下降，精神不振

D. 与家庭和朋友的关系紧张甚至恶化

**5. 下列不属于来自外部的压力是（　　）。**

A. 经济负担沉重

B. 工作要求高甚至苛刻挑剔

C. 自我价值感较低，过度在意他人的看法

D. 难以快速适应或跟上社会变革与发展

**6. 根据普林斯顿调查报告，下列关于一个人成功的因素的说法不正确的是（　　）。**

A. 25% 因素源于专业知识与技能

B. 75% 因素来自人际交往的沟通能力

C. 85% 因素来自人际交往的沟通能力

D. 基于学习、培训和实践等持续修炼

**7. 下列不属于正式沟通的一项是（　　）。**

A. 谈心式沟通　　B. 轮式沟通

C. 全通道式　　D. 链式沟通

**8. 下列不属于沟通的目的的是（　　）。**

A. 建立良好的关系　　B. 收集相关信息

C. 在激烈的市场竞争中脱颖而出　　D. 实现相应目标

**9. 双向管理沟通的优点是（　　）。**

A. 比单向沟通速度快　　B. 条理性比单向沟通强

C. 比单向沟通更有秩序　　D. 沟通内容的真实性强于单向沟通

**10. 下列不属于有效沟通的原则的是（　　）。**

A. 运用反馈　　B. 简化语言

C. 释放情绪　　D. 积极倾听

**11. 下列关于心理疏导的目的和作用的说法，错误的是（　　）。**

A. 提供职工需要的工作支持和帮助

B. 认识和改变不从众的认知和行为

C. 心境和情绪调节及疏导的作用

D. 改变不适应的行为方式

**12. 对于长期坐在计算机前的人来说，保持正确的坐姿至关重要，计算机位置、座椅高度以及台面高度都对坐姿有影响，下列有关说法错误的一项是（　　）。**

A. 显示器不要放置太低，必须高于眼睛水平线

B. 肘部不要低于桌面

C. 座椅不要太低，不要压迫到膝盖以下部位

D. 把脚放在座椅下，可以将脚平放在地面上或使用合适的脚垫

## 二、多项选择题

**1. 避免沟通误区的方法有（　　）。**

A. 运用多种沟通方式：管理者可以综合运用多种沟通方式，如电话、即时通信、面对面交流等，以提高沟通效率

B. 鼓励双向沟通：管理者应鼓励员工提出意见和建议，倾听他们的声音，增强员工的参与感

C. 控制沟通频率：管理者应根据工作需要，合理控制沟通频率，避免过度沟通

D. 清晰表达：在沟通时，管理者应尽量使用简洁明了的语言，确保信息传达清晰

**2. 下列属于常用的心理疏导技巧的有（　　）。**

A. 学会倾诉　　B. 转移注意力

C. 换位思考　　D. 降低期望

**3. 下列属于影响心理压力强度的因素的有（　　）。**

A. 认知评估：对事件的看法，愈是负面，则压力愈大

B. 应对能力：应对技巧愈佳，压力愈小，压力其实就是来源于你没有能力有效应对某些问题

C. 可预测性：压力事件的可预测性愈低，压力愈大

D. 可控制性：压力事件的可控制性愈低，压力愈大

**4. 人际沟通的误区有（　　）。**

A. 缺乏沟通：一些管理者可能忽视了与职工进行沟通的重要性，导致信息不流通，问题得不到及时解决

B. 单向沟通：管理者只是单向地向职工传达指示，而不听取职工的意见和反馈，容易使职工感到被忽视，进而产生不满情绪

C. 忽视非语言沟通。非语言沟通方式，如肢体动作、面部表情等，在信息传递中同样起着重要作用

D. 信息传达不清晰：管理者在沟通时表达不清楚，容易导致职工对任务的理解出现偏差

**5. 下列属于沟通技巧的有（　　）。**

A. 有效倾听：当与他人交谈时，全神贯注地聆听他们说话，把注意力完全集中在他们身上

B. 使用隐讳的语言：在表达自己的观点时，要使用模糊或含糊不清的词语，避免过于直接，伤害彼此的感情

C. 换位思考：努力站在对方的角度思考，并理解他们的观点和感受

D. 积极地给予和接受反馈：给予他人积极的反馈和赞赏，鼓励他们继续提供意见和参与讨论

**6. 铁路职工张某在知晓其下属的父母在车祸中身亡后，私下对下属进行了安慰疏导并表示自己愿意提供帮助。这种沟通属于（　　）。**

A. 工具式沟通　　B. 感情式沟通

C. 正式沟通　　D. 非正式沟通

## 三、判断题

**1**. 对于长期坐在计算机前的人来说，保持合理正确的坐姿非常重要，不仅可以预防相关疾病，还可以保持充沛的精力迎接工作生活。

（　　）

**2**. 人体工效学研究人与机器、物体之间的相互关系，以人—机—物系统为研究对象。

（　　）

**3**. 火车司机应用人体工效学，首先要了解车外环境（如车流、人流、交通信号和标志、道路条件等情况）以及机车内部运行参数（如速度、发动机温度、压力、油量等），以制定合适的行车策略并进行准确的操纵。

（　　）

**4**. 对于铁路职工来说，长时间扮演某一职业角色可能导致心理问题，即职业角色与内心自我角色冲突，从业人员可能不愿意扮演某个角色，而为了生存又不得不扮演，这种冲突可能导致自我认同危机。

（　　）

**5**. 养成早睡早起的习惯，保持规律饮食，不拖延自己的事情，并尽量保持充足的睡眠时间对心理健康至关重要。

（　　）

**6**. 在沟通过程中，根据沟通符号的种类分别有口头沟通和书面沟通。

（　　）

# 参考答案与解析

## 一、单项选择题

1.【参考答案】D

【解析】7S 现场管理法简称 7S。“7S”是整理（seiri）、整顿（seiton）、清扫（seiso）、清洁（seiketsu）、素养（shitsuke）、安全（safety）和速度 / 节约（speed/saving）这 7 个词的缩写。故选 D。

2.【参考答案】D

【解析】安全心理学的主要研究内容有：①分析事故中人的因素，如疲劳、情绪波动、注意力分散、判断错误以及人事关系等对事故的影响；②研究事故肇事者的特性，如智力、年龄、性别、工作经验、情绪状态、性格、身体条件等与事故发生率之间的关系；③探索预防事故的心理学对策，如从业人员的选拔（职业适宜性检查）、机器设计、开展安全教育和安全宣传，以及培养安全观念和安全意识等。故选D。

3.【参考答案】D

【解析】安全心理学，是指研究事故发生过程中人的心理活动特点和规律。研究并运用安全心理学可以为安全教育提供理论依据，用更加有效的方法、手段来进行各类教育培训活动，并通过深层次的事故分析，找到预防事故的措施与方法。故选D。

4.【参考答案】A

【解析】心理压力过大容易导致心理层面、生理层面、行为层面的问题。B项是心理层面的问题的症状，C项是生理层面的问题的症状，D项是行为层面的问题的症状。故选A。

5.【参考答案】C

【解析】心理压力一般来自两方面——自身的压力和外部的压力。来自外部的压力有：一是家庭压力。这包括经济负担沉重、家务繁重、家庭关系紧张，以及面临人生大事（如结婚、生子、子女教育等）。二是工作压力。这包括工作负荷过大、工作要求高甚至苛刻挑剔、职业发展受阻，以及人际关系紧张等。三是社会压力。这主要体现在难以快速适应或跟上社会变革与发展，从而感觉落后于时代。四是环境压力。恶劣的环境条件（如噪声、污染和居住空间狭窄），缺乏安全感的环境都会给人带来压力。C项是来自自身的压力。故选C。

6.【参考答案】C

【解析】美国普林斯顿大学调查报告显示，一个人的成功，25%的因素源于专业知识与技能，而75%的因素来自人际交往的沟通能力。一个人的成功是基于学习、培训和实践等持续修炼而来的。故选C。

7.【参考答案】A

【解析】正式沟通通常用于正式场合，遵循一定的规则和程序，其形式包括链式、轮式、全通道式、Y 式等；非正式沟通则更为灵活和随意，不受严格规则和程序的限制，包括走动式、小道消息、谈心式等。故选 A。

8.【参考答案】C

【解析】作为一种常见的社会交往形式，沟通主要具有三个基本目的：①建立良好的关系，通过沟通增进彼此的了解与互动，从而建立合作、联盟或其他相应的关系；②收集相关信息，沟通常被用于各种调研活动，无论是一对一还是一对多的形式，用来收集数据、整理汇总并进行分析，进而作为决策的依据；③实现相应目标，沟通是以事前设定的目标为导向，通过传情达意、互通思想，最终实现预定目标。故选 C。

9.【参考答案】D

【解析】双向沟通的优点是沟通信息真实性强、准确性较高，接受者有反馈意见的机会。故选 D。

10.【参考答案】C

【解析】有效沟通的原则为“十六字原则”，即运用反馈、简化语言、抑制情绪、积极倾听。故选 C。

11.【参考答案】B

【解析】心理疏导的目的和作用：①提供必要的心理支持和帮助；②认识和改变不适应的认知和行为；③心境和情绪调节及疏导的作用；④改变不适应的行为方式。故选 B。

12.【参考答案】A

【解析】对于长期坐在计算机前的人来说，保持正确的坐姿至关重要。这不仅可以预防相关疾病，还有助于保持充沛的精力，可按以下标准对计算机位置、座椅高度以及台面高度进行合理调整：①显示器应放置在眼睛水平线上，以减少颈部压力；②肘部不要低于桌面；③键盘应放置在便于手部操作的位置；④座椅高度要适中，避免压迫膝盖以下部位；⑤保持膝盖呈自然弯曲状态，可以将脚放置在地面上或使用合适的脚垫。故选 A。

## 二、多项选择题

1.【参考答案】ABCD

【解析】避免沟通误区需要建立有效的沟通机制，具体来说：①鼓励双向沟通，管理者应鼓励员工提出意见和建议，倾听他们的声音，增强员工的参与感；②控制沟通频率，管理者应根据工作需要，合理控制沟通频率，避免过度沟通；③清晰表达，在沟通时，管理者应尽量使用简洁明了的语言，确保信息传达清晰；④运用多种沟通方式，管理者可以综合运用多种沟通方式，如电话、即时通信、面对面交流等，以提高沟通效率。故选 ABCD。

2.【参考答案】ABCD

【解析】由于社会压力的增加，越来越多的人存在着不同程度的心理问题，因此需要及时进行自我心理疏导，以减轻对身心的不良影响。常用的心理疏导方式有学会倾诉、转移注意力、换位思考、降低期望、适当发泄、积极的心理暗示、规律生活、保持适当锻炼、幽默法、音乐疗法等。故选 ABCD。

3.【参考答案】ABCD

【解析】影响心理压力的因素有：①认知评估。对事件的看法越负面，感受到的压力就越大。②应对能力。应对技巧越好，感受到的压力就越小；反之则压力越大。压力往往源于个体无法有效应对某些问题。③可预测性。压力事件的可预测性越低，个体感受到的压力就越大。④可控制性。压力事件的可控制性越低，个体感受到的压力就越大。⑤主观喜好。事件受欢迎或厌恶程度也会影响压力感受。⑥重要性。不同事件对于不同人会造成不同压力，因为事件对于不同人有不同意义。故选 ABCD。

4.【参考答案】ABCD

【解析】人际沟通的误区有：①缺乏沟通，一些管理者可能忽视了与从业人员进行有效沟通的重要性，导致信息不对等、流通不畅，问题得不到及时解决。②单向沟通，当管理者只是单向地向职工传达指示，而不听取职工的意见和反馈时，容易让职工感到被忽视，进而产生不满情绪。这种沟通方式不利于全面了解情况，也阻碍了双向交流的可能性。③过度沟通，虽然沟通是重要的，但管理者过于频繁地与职工沟通可能会干扰职工的工作节奏，使他们感到厌烦，从而影响工作效率。④信息传达不清晰。管理者在安排任务时，如果表达不具体、不清楚，容易导致职工对任务理解产生偏差，甚至可能导致工作出错。⑤沟通方式单一，有些管理者只依赖于一种沟通方式，如邮件或会议，可能导致信息传达不及时或不全面。⑥忽视非语言沟通。非语言沟通方式，如肢体动作、面部表情等，在信息传递中同样起着重要作用。管理者如果忽略了这些，可能影响信息的准确传达和接收。故选 ABCD。

5.【参考答案】ACD

【解析】沟通技巧包括：①有效倾听；②使用明确和具体的语言；③换位思考；④积极给予和接受反馈；⑤巧妙运用非语言沟通；⑥敏锐观察对方的非语言信号；⑦灵活适应对方的沟通风格；⑧避免假设和推测；⑨表达感谢和赞赏；⑩掌握情绪管理。B 项错误，在表达自己的观点时，应确保使用清晰明了的语言，避免使用模糊的词语。通过提供具体的实例和详细的说明来支持自己的观点，这样可以使意图更加明确，也更容易被他人理解。故选 ACD。

6.【参考答案】BD

【解析】按照功能划分，沟通可分为工具式沟通和感情式沟通。工具式沟通是指发送者将信息、知识、想法、要求传达给接受者，目的是影响改变接受者的行为。感情式沟通是指沟通双方表达感情，获得对方精神上的同情和谅解，最终改善相互间的关系。据此，题干所述应为情感式沟通，B 项正确，A 项错误。正式沟通，一般是指在组织系统内，依据组织明文规定的原则进行的信息传递与交流。例如，组织与组织之间的公函来往、组织内部的文件传达、召开会议、上下级之间的定期情报交换等。非正式沟通是指在正式沟通渠道以外信息的自由传递与交流。据此，题干所述应为非正式沟通，C 项错误，D 项正确。故选 BD。

## 三、判断题

1.【参考答案】√

【解析】对于长期坐在计算机前的人来说，保持正确的坐姿至关重要。这不仅可以预防相关疾病，还有助于保持充沛的精力，可按标准对计算机位置、座椅高度以及台面高度进行合理调整。

2.【参考答案】×

【解析】人体工效学研究人与机器、环境之间的相互关系，以人—机—环境系统为研究对象，将心理学、生理学、解剖学、人体测量学、生物力学等有关学科的知识应用于系统设计，使之与人的生理和心理特点相适应，从而提高整个系统的效能，保障人的安全、健康以及维持和增进人在工作过程中的舒适感。

3.【参考答案】√

【解析】人体工效学在铁路行业中已广泛用于各种产品、设施和生产系统。例如，在机车驾驶的人—机—环境系统中，司机首先要了解车外环境（如车流、人流、交通信号和标志、道路条件等情况）以及机车内部运行参数（如速度、发动机温度、压力、油量等），以制定合适的行车策略并进行准确的操纵。

4.【参考答案】√

【解析】职业往往要求从业人员扮演一个固定或者相对稳定的角色，长时间扮演某一职业角色可能导致心理问题，如职业角色与生活角色转换困难，进而引发家庭矛盾或人际矛盾，有时还会产生角色挣扎，即职业角色与内心自我角色冲突，从业人员可能不愿意扮演某个角色，而为了生存又不得不扮演，这种冲突可能导致自我认同危机，给从业人员带来极大的痛苦。

5.【参考答案】√

【解析】规律的生活作息对于心理健康至关重要。应养成早睡早起的习惯，保持规律饮食，不拖延自己的事情，并尽量保持充足的睡眠时间。

6.【参考答案】×

【解析】在沟通过程中，根据沟通符号的种类分别有语言沟通和非语言沟通，语言沟通又包括书面沟通与口头沟通等多种形式。